1988年のパ・リーグ

THE PROFESSIONAL BASEBALL
PACIFIC LEAGUE
CHRONICLE
1988

Hiroyuki Yamamuro
山室寛之

新潮社

プロローグ　1988年10月19日

川崎球場の外にある建物の屋上までファンが押し寄せた

いざ決戦！　川崎球場へ向かう近鉄ナイン

「飛ぶ雲、飛ぶ声、飛ぶボール……」

　1988（昭和63）年10月17日の午後10時過ぎ。名神高速道路を東へ疾駆する高速バスの車内で、近鉄バファローズの球団歌が沸き上がった。

　つい先ほど、西宮球場で阪急ブレーブスに敗れた近鉄選手による熱唱だった。

「11日間で12試合」という強行日程を終えて休む間もなく、明日から川崎球場でダブルヘッダーを含むロッテ3連戦が待っていた。残り3試合を全勝して、8年ぶりのリーグ優勝をもぎとる野望だけが、疲れ切った選手の体と精神を支えていた。

　球団は過酷な日程に対応するため、阪急戦終了後は京都で1泊し、18日の新幹線で決戦の地、川崎へ向かうスケジュールを組んだ。選手たちがバスに乗り込むと、最前列に座った監督の仰木彬が、マイクを持って立ち上った。

「みんな、きょうはお疲れさま。勝っても負けても、あと3つ勝つ目標は変らない。苦しいことは同じだ。ここまで来たら前だけを見て進もう」

　マイクは選手会長の大石大二郎へ渡った。

「泣いても笑っても最後の3試合が、明日から始まる。優勝を目指して全力で戦い抜こう」

大石は阪急戦で、1点を追う9回表二死二塁で打席に立ち、ライトフライに倒れていた。最後の打席で俺が打っていれば、という思いが残る辛い立場だが、選手会長としての責任をこの一言でまっとうした。

大石に促された若手選手が、球団歌を歌い出した。唱和するものが1人、また1人と増えて、大きな声で全員の熱唱となった。

「後方でシュパ！　シュパ！　と音がしたんです。振り返ると、マネジャーが配った、冷えた缶ビールを開ける音でした。ピーナツも回ってきた。球団が気を遣ってくれたんですね。余興のようなことをやる若手も出てきて、だんだんみんなが元気になった。『まだ終わっとりゃせん』『あと3つ勝てばいい。あきらめるな』と、いろんな声が出て、僕自身も沈んでいた気持ちを随分と励まされました」

小雨降る中で120球を熱投して完投敗戦投手になった近鉄のエース、阿波野秀幸の弁だ。

投手コーチの権藤博はシーズン開幕前、投手陣に「100試合までは必ずローテーションを守る、そこを過ぎて優勝を狙えるならば無理をさせる。俺について来い」と宣言していた。

その中でも阿波野には、

「お前は絶対のエースだ。先発一本で行く。ただし、いざという時だけは、お前しかいない。頼むぞ」

と、特別に声をかけていた。阿波野は阪急との試合を含め、全27試合すべてに先発、完投15という、安定した成績を残していた。投球回数は217回3分の2。1試合平均にすると8回強を投げた計算だ。大崩れしない安定感抜群の、リーグを代表する先発完投投手である。

「いよいよ特攻ローテの時が来た。あとの3試合、いつ登板か分からない。リリーフだろうが、なんだろうが、いつでも投げねばならない」

阿波野がそんなことを考えているうちに、バスは京都駅前にある新都ホテルへ到着した。

「バスに乗った時の静かな暗い雰囲気は、球団歌を大声で歌ったことで徐々になくなり、京都へ着いた時はもう、いつもの明るい近鉄に戻っていました。1人でいるより、団体でいたことが気分転換につながったのでしょう」

チームのムードメーカー、村上隆行の回想である。

精神は癒されても、疲労回復の特効薬はない。翌日の午前、ホテルから京都駅へ向かう途中、村上は「太陽が驚くほどにまぶしかった」という。

近鉄ナインがバスで熱唱していたころ、投手の山崎慎太郎、小野和義、高柳出己が東京駅へ滑り込んだ新幹線から降りてきた。3連戦の先発を命じられた投手陣は、西宮球場で練習したあと、阪急戦を見ずに、ロッテ戦に備えて東京へ先乗りしてきた。

東京駅で高柳が婚約者へ電話して、西宮球場の結果を聞いた。

「負けた」

高柳が2人に結果を知らせると、初戦に投げる山崎が涙を流した。

「もう負けられないという試合に最初に投げる。その重圧や緊張感のせいではないか」

涙を見た高柳の推測である。その高柳の妹は、兄の婚約者と共に、兄が投げる川崎球場での最終戦の観戦を楽しみにしていた――。

異常気象が続いた「昭和最後の夏」

２０１８（平成30）年、「平成最後の夏」は、秋にかけて各地で記録的な猛暑に加え、西日本を中心とした豪雨、台風被害、北海道胆振東部地震など、とにかく天災が相次いだ。

30年前の１９８８（昭和63）年、「昭和最後の夏」から秋も、異常気象に襲われていた。

東京の天候は——。７月の日照時間は合計62時間弱だった。これは１８９１（明治24）年に観測を始めてからの最少記録だった。最高気温の平均値は25度をやっと超え一日中晴れた日はわずか５日、真夏日は２日間だけで１００年に一度の異常気象だった。

８月は18日間も雨が降った。夏物商品は天候異変で全く売れず、雨傘は５割近く売り上げが増えた。江の島の海水浴客は半分以下。夏の甲子園大会は８月13日の全試合が雨で中止となる。13年ぶりのことだった。

９月の東京も雨が降り続いた。雨がない日は２日間、日照時間は平年の３分の１にあたる39時間弱。これも９月の最少記録（１９３４＝昭和９年）、59・５時間を大幅に下回る観測史上の最少日照時間だった。

暗く冷たい天候に追い打ちをかけるように、９月中旬以来、天皇陛下のご容態が心配され、秋まつりや運動会の中止、結婚式の延期など、列島に「自粛ムード」が広がった。悪天候は農作物を直撃する。ご闘病中の天皇陛下は雨の影響を心配され、侍従長らにたびたび問いかけられた。雨の影響はプロ野球にもおよび、試合の中止が続き、日程編成に苦悩が続いた。

その一方で未公開株の譲渡によって政財官界の要人に濡れ手で粟の利益をもたらせた「リクル

ート疑惑」に構造汚職の疑いが強まり、東京地検特捜部の捜査が本格化した。

天皇陛下のご容態、異常気象、未曾有の構造疑惑……そんな停滞感を吹き飛ばしたのは、プロ野球、それもパ・リーグの試合だった。

珍しく、爽やかな秋空が広がった10月19日。近鉄バファローズが、シーズン最終戦をロッテオリオンズとダブルヘッダーで戦った。第1試合に近鉄が勝てば、優勝へマジック1。近鉄が敗れるか引き分けた瞬間に、西武ライオンズの優勝が決まるという、ペナントレースの最終盤にきて、最も注目の集まる試合となった。

近鉄に対峙するロッテ監督・有藤道世にとっても、絶対に負けられない試合だった。

10月に入り、ロッテは藤井寺、川崎球場で近鉄に7連敗し、近鉄と優勝を争う西武ファンからの抗議が殺到していた。19日の近鉄戦ダブルヘッダーを含む残り6戦を全勝しない限り、単独最下位決定と、近鉄優勝というダブルパンチを浴びる。

「どうしても勝ちたい」

ベストの布陣で臨もうとする有藤を悩ませる問題が、1つあった。

ロッテの高沢秀昭、阪急の松永浩美が夏から続けてきた、激しい首位打者争いだ。高沢は4厘3毛差で首位、この日のダブルヘッダーを6打数無安打に終わっても、2毛5糸差でトップという微妙さだった。阪急の松永はロッテと10月22、23日の3試合だけを残していた。

近鉄に勝つために、高沢をフル活用したい。それでも、首位打者を取らせるには近鉄戦の途中でも高沢を引っ込めるか、あるいは西宮球場の阪急との試合で「逃げるな」「汚いぞ」と阪急フアンから罵声を浴びながらでも松永を全打席敬遠するか——。有藤にも投手にも、辛い決断が必要になるかも知れない。

現役時代に首位打者を一度獲得している有藤は、タイトルによって周りが有藤を見る目も、自身が周辺を見る目もマナーも変わったことを体験した。タイトル獲得は、選手を精神的にも技術的にも大きく成長させる。

「高沢をフルに使って近鉄に勝つ。阪急戦の高沢の起用も松永との対戦もすべて配慮して、なんとしても高沢にタイトルを取らせよう」

有藤はハラを固めた。

重なった電撃発表

阪急ブレーブスの身売りを決めながら、パ・リーグの優勝チーム決定まで極秘を貫いてきた阪急電鉄本社は、19日午後5時からの電撃発表を決断し、球団にも正午過ぎから指示を出し始めた。

ブレーブスはロッテ戦に備え、この日午後1時から西宮球場で軽い練習を始めた。

練習開始の少し前、監督の上田利治は、エースの山田久志と、盗塁王の福本豊を監督室へ呼んだ。電鉄本社からの指示は「選手へ身売りを内示するのは、午後3時以降」だったが、投打の中心選手として、長い間、チームばかりか地盤沈下が続くリーグ全体を牽引した2人に抱く敬意と感謝の証《あかし》として、上田が特別に配慮したのである。

「重大なことを話す。心静かに聞いてくれ」

上田はわざわざ、そう前置きして、

「今日の5時から球団の身売りが発表される」

福本が声をあげた。

「嘘やろ。まさか、どっきりカメラでも置いとるのですか」

山田は、神妙な顔で、

「うちに限ってそんな馬鹿なことが……」

山田はさらに、

「僕は辞めるからいいが、他の皆はどうするのや」

身売りは本社の決定であり、もう避けられないと諭された2人は、「球団を信じてやってきたのに」と、呆然と繰り返した。概要を聞き終えると、無言で監督室からグラウンドへ向かった。

午後2時。東京、大阪の両証券取引所で、記者会見の告知が黒板に書き出された。

「本日午後5時、阪急電鉄。大阪・北区の新阪急ホテル記者会見」

当時、取引所以外で記者会見する際は、午後2時までに会見内容を含め、黒板に書く慣例があったという。ただし、この時の通知内容に「球団売却」が含まれていたかは不明だ。

午後3時少し前。球団社長の土田善久が上田とともに、球団旗が翻るバックスクリーン下に選手を集めて球団身売りを伝えた。

「平常な気持ちでいられれん。きょうは1人で酒を飲みたい」

山田はこう言って球場を後にし、福本は、

「えらいこっちゃな。どないもこないもよう言わん。一番、目立たん時に狙い打ちされた」

と、パ・リーグの優勝が決まる日の身売り発表を憤った。

17日の近鉄戦で決勝本塁打した石嶺和彦も、

「嘘ではないか。阪急が身売りするはずがない」

そしてパの首位打者争いを続ける松永も、

「驚きが一番。なんも分からん。早く気持ちを落ち着けんと」

阪急で長く活躍してきた花形選手が等しく、突然の発表に「嘘だ」「分からん」を連発した。

2日前、近鉄戦に完投勝利した星野伸之は、

「南海の選手は大変と思っていた。まさかうちの球団までが……」と言ったまま絶句した。

球界が激変した1988年

阪急ブレーブスはパ・リーグで最古の歴史を誇り、南海ホークスが2番目の伝統球団だ。その南海は、9月14日に、中内㓛率いるスーパー、ダイエーへの身売りを発表していた。

極秘で進んでいたはずのダイエーの南海買収工作は8月28日、複数紙がスクープした。中内と南海電鉄社長の吉村茂夫が全面否定を何回も繰り返し、膠着しかけた球団買収は9月10日、中内が発した一言、「先のことは分からない」をテコにして一気に決着へなだれ込んだ。

中内は、試合結果を新聞、テレビが大きく伝えるプロ野球の膨大な影響力と集客力に15年前から着目し、参入へ動き出して8年が過ぎていた。

阪急を買収した新興のオリエント・リースは、特報が流れる数日前に、ある会合のつぶやきから阪急電鉄が条件次第で球団を手放す意向を偶然に知った。両社は仲介役の三和銀行を交え、ダイエー・南海の騒動を深い水面下で観察しながら交渉を急ぎ、60日足らずで買収を完了した。

関西空港の建設が始まり、空港の玄関口となる難波に本拠の大阪球場を持つ南海電鉄は、さまざまな経営対策を迫られることもあり、野球界にとって身売りは「想定内」、しかし阪急の身売りは「驚天動地」の出来事だった。

この年初の全天候型球場「東京ドーム」が完成し、新時代を迎えた4月のプロ野球開幕戦は前夜来の関東地方の大雪のため、西武球場は中止された。周辺に雪が積もる東京ドームは、NTV吉田塡一郎の「ドーム日和です」の実況中継とともに試合が始まり、ドームの威力を際立たせた。

中内は新球団の本拠地に日本初の「開閉式ドーム球場」建設を目指し、広大な埋め立て地がある福岡市への移転を決断した。中内が作った球場は、現在のヤフオクドームである。

数年来、球団誘致運動が続いた福岡にプロ球団が復活するのは10年ぶりだった。そのもとをたどると、意外にも西鉄ライオンズの鉄腕投手、稲尾和久が福岡青年会議所（以下、福岡JC）のメンバーに「福岡に再びプロ球団を」と呼びかけた86年新春のスピーチへ行きついた。

不惑を目前にした青年会議所の男たちは、稲尾に憧れて少年時代を過ごした。稲尾が語るプロ球団復活の夢に刺激された彼らは損得抜き、手弁当の市民球団誘致運動へと立ち上がる。

市民運動が、やがてかたちを変えてダイエーの南海買収、福岡進出へとつながるのである。あえて言えば、稲尾のスピーチに始まる、福岡市民の運動が促したダイエーの南海買収を触媒にして阪急も身売りし、パ・リーグは再編・再生への歴史的な第一歩を踏み出した――すべてが「先のことが分からない」中で連鎖的に急展開した動乱の結果である。

89年1月、天皇陛下は崩御され、時代は昭和から平成へ移った。34（昭和9）年に巨人軍の前身「大日本東京野球倶楽部」が結成されて55年、戦時の中断を挟みながら続いた昭和のプロ野球は幕を閉じた。

日本球界から野茂英雄、イチローや松井秀喜、大谷翔平らがメジャーへ飛び立ち、日々進化を続けた平成時代のプロ野球は、２０１８年、球団結成80年目の福岡ソフトバンクホークスが2連覇で平成最後の日本一に輝いた。２０１９年5月から日本は、新しい「令和」の時代を迎えた。

昭和の野球はさらに遠くなり、語られることも少なくなるだろう。温故知新ではないが、この機会に、パ・リーグの再生と飛躍へ直結した2球団同時消滅と、10・19に至る昭和最晩年の〝野球史〟の深層部分を新事実とともに明らかにしたい。

（文中敬称略）

＊88年公式戦に出場した選手のうち、本書に登場した選手の生涯成績及び、88年を中心とした年表を末尾に掲載した。選手名は公式戦出場最終年度の登録名を原則とした。

目次

写真提供　報知新聞社（カバー、P1、P81右、P127、P155、P181）
福岡ソフトバンクホークス（P225）
文箭安雄（P53）
著者（表紙、P15、P81左）

装幀　新潮社装幀室

第1章 「福岡にプロ野球を！」10・19の序曲・球団誘致活動

福岡JCのメンバーが立ち上がり、プロ野球誘致活動が広まった

川崎「劇場」となった10・19

1988（昭和63）年10月19日午後2時過ぎ、ロッテ社員で、ロッテ球団の私設応援団の一員、横山健一は「ロッテチューインガム」と書かれた営業車を運転して川崎球場へ駆けつけた。

横山は少年時代、東京球場を本拠にしていた頃からロッテを応援し、ファンが昂じてロッテへ入社した筋金入りである。

「さすがに今日は、ロッテを応援する人はほとんど来ないだろう」

義侠心から早めに球場へ来た横山だが、目の前には、見たこともない光景が広がっていた。

ウィークデー（水曜日）の日中、試合開始30分前というのに、切符売り場の前に、とぐろ状の長い列ができていた。例年ならシーズン中でも、平日開催ともなると、閑古鳥が鳴くような寂しさがただよう川崎球場である。あたかもその日の好天に誘われるように、正午過ぎから絶えることなく人波が続いていたのだ。

現在ではパ・リーグも、年間の観客動員は200万人を超える球団が存在するようになった。平日ナイターでも、かなりの観客が集まるが、当時は、カードによっては、客席がガランとしているのは当たり前で、その寂しさがテレビの「珍プレー好プレー」でたびたび紹介された。

川崎球場の切符売り場では職員が2人。1人が切符を売り、もう1人は日付がない内野席券の

（子供）、（料金６００）をマジックで消し「63・10・19」と「１５００」のスタンプを押し続けていた。作業に手間がかかり、押し寄せる観客の列は時間とともに延びる一方だった。ほかにも町中に無数にばらまかれた招待券を久し振りに引っ張り出したファンまでが、続々と球場を目指していた。

横山は、球場の一角に保管している応援用のユニホームをまとい、和太鼓を抱えてスタンドへ上がった。背番号を外した背中に「ロッテ応援団」と染めた布を貼ったものだ。

お気に入りの選手の背番号が入ったユニホームを着て応援する――今でこそ、セ・パを問わず各球場で見られる光景だが、88年当時、応援団が球団ユニホームを着用していたのはロッテ、近鉄など一部で、他球団は、揃いの法被《はっぴ》姿で応援するのが主流だった。

近鉄ファンが詰めるビジターの三塁側は早くも満員。ロッテファンが座るはずの一塁側にはロッテを応援する多数の西武ファンと、相当数の近鉄ファンがいた――。

１９８８年のパ・リーグは、南海と阪急の身売り、そして近鉄の球史に残るダブルヘッダーが行われたシーズンとして記憶しているファンは多い。だが、近鉄の相手となったロッテも、この激動の年に、水面下で大きな動きを起こしていた。背景には、市民の手で、プロ野球を地元に誘致しようと活動を続けた、永遠の野球少年たちの情熱があった。その貴重な事実を明かしたい。

福岡にプロ野球チームを！

１９８６（昭和61）年5月20日の朝、４人の男が羽田空港に降り立った。

彼らは福岡青年会議所（以下、福岡ＪＣ）の副理事長・中村量一、スポーツ文化政策委員会の正、副委員長・青柳利紀と小田展生、そして地域政策副委員長の王寺陽一郎である。

この日の訪問は、彼らが進めている福岡へのプロ野球球団誘致運動を、ロッテ球団代表代行の松尾守人に説明し、福岡移転を呼びかけるためだった。空港からロッテ本社へ向かうタクシーの中で、ＲＫＢ毎日放送記者の王寺が、

「本社の少し前で降りて、間隔を空けて歩こう。カメラを持っている人間がいたら、本社前を素通りして様子を見よう」

などと、細かく注意した。球団誘致運動についてはこれまで記者会見で派手に宣伝、署名運動の開始時間や場所も知らせている。だが、特定球団との個別折衝ともなれば、話は別だ。報道されることで、実るはずの折衝が潰れることもある。王寺は、その難しいかじ取りの司令塔だった。松尾との面会時間も、王寺が直接折衝して決めた。

面会で王寺は、誘致運動に福岡市議会議長が加わり、市への発言力が増したことを、しきりに力説した。小田は、

「今のロッテの監督である稲尾さんは監督を受ける前は、新球団を作ろうとして活動した。県民も市民もそのことはよく知っており、今でも人気は絶大です。稲尾さんと縁あるロッテこそ平和台にふさわしい」

と、松尾の気持ちをくすぐった。

「球団としては、当面は本拠地を動かすつもりはありません。ただ、川崎球場に満足しているわけでもありません」

松尾の回答は、肯定か否定かあいまいなものだった。だが、実際にロッテは川崎には見切りをつけ、移転先を探しているところだった。かつて、所轄の川崎警察署へ警備強化を頼んだ際に、同署幹部から、

「川崎はパチンコと風俗の町だ。そんな場所で、青少年に夢を与えるプロ野球がふさわしいのか。私は疑問に思う」

と突き放されたことがあり、不信感が増していた。今ならば大騒ぎになる警察の対応だ。川崎球場は施設の劣化も激しく、球団は球場美化やトイレ改装などをたびたび川崎市に求めたが、実現しなかった。そこで、ロッテは83年春先から千葉県船橋市周辺など、数か所の候補地をリストアップ、球場建設を検討していた。

球団誘致にのめりこんだ福岡JCの一行は、「川崎球場に満足してない」という松尾の言葉を何よりの朗報と受け取った。

「ハレー作戦」始動

そもそも、福岡JCによる誘致運動が起こったきっかけは、4か月前の86年1月13日、福岡JCの新年例会で招かれた、当時のロッテ監督、稲尾和久のスピーチだった。

「福岡にプロ野球球団が復活するためには、皆さんの力と行動力が必要だ」

「数年前に平和台へプロ野球を呼び戻したいと考え、私は個人的に活動した。しかし、うまくいかなかった。今、思うことは市民との連携が足りなかったことです。市民から盛り上がれば、また福岡にプロ野球が復活する可能性があるのです」

会場には理事長の中牟田健一のほか、中村、青柳、小田、王寺ら多くの幹部が揃い、稲尾の熱弁を聞いていた。この年、青柳のスポーツ文化政策委員会はテーマを「ラグビー」に内定したが、具体策は何ひとつ決まっていなかった。そこへ、稲尾から球団誘致の可能性が飛び出したことで、彼らは誘致の詳細を具体的に詰めることにしたのである。

中村は平和台球場に近い学校法人・中村学園の理事（現・理事長）。

青柳は高校、大学とラグビー一筋に過ごしたバリバリのスポーツマン。努力とアイディアで大きな葬儀社を一代で築き上げた実業家だ。

小田は２人の医師を抱えた歯科医院長。伯父は稲尾の母校、別府緑丘高校の元校長で稲尾の前の西鉄のエースである河村久文も教え子だった。小田の父は大分県出身。稲尾、河村のほか和田博美（臼杵高）ら、大分県出身の西鉄選手応援組織「球友会」を作った。父親の影響で小田も熱烈な西鉄ファンに成長した。

王寺は平和台球場のすぐ近くで育ち、毎日遅くまで草野球に励んだ。窓を開けると夜空の一角に平和台の灯が明るく見えた。家へ届く球場の歓声に「ホームランだ！」と、球場へ一目散に走れば５～６分で到着した。

ＪＣの会員は40歳に達した年末に退会する。この年は１９４６（昭和21）年生まれが最年長で、青柳は46年、中村は47年、小田と王寺は48年生まれである。

西鉄ライオンズが、初めて日本一になった56年、青柳10歳、中村９歳、小田と王寺は８歳だった。この年を含め、西鉄は３年連続して巨人を倒し日本一になった。中心にはいつも稲尾がいた。３年間で稲尾は９勝２敗、３連敗後に４連勝、奇跡の日本一となった58年は自らのサヨナラ本塁打を含め4勝すべて稲尾が勝利投手だった。

中村、小田ら団塊世代が少年時代に見つめた稲尾は、いつもヒーローだった。彼らは「神様、仏様、稲尾様」と崇めた英雄の熱い思いに燃え上がった。

青柳と小田は2月10日、鹿児島へ向かった。鴨池球場でキャンプ中の稲尾に、今一度九州でのプロ野球復活の可能性を確かめるためだった。

ロッテ監督として2年間2位と、一応の成績は残したが、肝心の九州移転は稲尾自身が監督業に専念して動けないため、全く進展がない。稲尾は言った。

「広島カープのように市民の組織的応援、草の根からの盛り上げが必要だ。青年会議所が先頭に立って頑張って欲しい。西鉄の黄金期は、ファンと選手が一体で野球に夢中になった。勝てば街がお祭りになった熱狂をもう一度、福岡へ呼び戻したい。ネバーギブアップで進めば道は開ける」

小田も思いは同じだった。

「平和台は私たちの青春、夢と希望の場だった。学校では毎日、フトシさん（中西太）が打って、西鉄が逆転勝ちした。そんなことが朝の挨拶でした。野球はみんなの共通の話題で、いつも盛り上がった。今の子供たちにもそんな夢や感動を野球で与えたい」

同行した青柳も、大スター稲尾がＪＣへの期待を真剣に語る姿を見て「なんと心が熱い男だろう。今こそ応援しなければ」と思った。

王寺は、勤務のかたわら移転可能性がありそうな球団を調べていた。ロッテのほかヤクルト、南海、日本ハムも本拠地の悩みを抱え「移転の可能性はゼロではない」と考えていた。

福岡ＪＣは西日本新聞のベテラン記者とも球団誘致の運動方針を協議した。記者は冷静に過去の球団経営の失敗は、福岡の政財官界だけでなく市民の「熱しやすく冷めやすい」気質も一因と指摘した。

３月５日、ＪＣ理事会は「スポーツ文化委」の活動方針を「ラグビー」から「球団誘致」へ変更した。その夜、王寺は「ロッテ球団誘致マル秘　ハレー作戦」と記したノートを作成した。２月にハレー彗星が76年ぶりに接近したことに、福岡への球団復活の夢をかけたのだ。

６日、市民が草の根から運動を起こし、地元の政財官界を巻き込むために、署名活動で大きな市民運動を始める福岡ＪＣの大方針を固めた。署名の目標は30万から50万人。市民運動のテーマは「親子で見たい新球団　平和台球場にふたたびのともしびを」と決まった。

12日、手探りのままで球団誘致運動開始を記者会見で発表した。ホテルの会場には40人近い記者、カメラマンが詰めかけた。

「資金の手当ては？」

「具体的な球団の目星は？」

「平和台球場を使うことを、福岡市は了解したか？」

次々に浴びせられた質問に、答える材料は何もなかった。終盤には「気持ちだけで球団が来るわけがない」と辛らつな批判までが飛び出し、冷や汗の記者会見となった。

15日は正午からの街頭署名運動に、ＪＣ会員30人が、揃いの法被姿で集結、３６００人の署名を集めた。「予想上回る　福岡にプロ球団を！　天神で街頭署名」「手応えバッチリ」など新聞の評価は上々だったが、元西鉄のスター豊田泰光がスポーツニッポンへ寄せたコラム「これでいいのかプロ野球」は、特別な厳しさがあった。

「球団誘致運動のポイントを、ひとことでいえば『資金はどうするのか?』である。この点が抜け落ちた運動は何の力にもなりえない。世論とかファンの要望を無視するつもりはないが、球団を九州に呼ぶのは商取引だ。金銭や条件がまず大事で、署名の威力はほとんどない」

「冷や汗の記者会見」に続く強烈パンチではあったが、誘致運動は日ごとに熱を帯びた。

なにしろ稲尾は福岡の大ヒーローである。少年時代の憧れのヒーローから「力を貸してくれ」「立ち上がれ」と呼びかけられた不惑目前の野球少年たちは、時に仕事や家族を犠牲にしてまで手弁当の運動に立ち上がった。

誘致運動に距離置く福岡の政財官界

いくら市民中心の無手勝流運動とは言え、長期的には政財官界の理解と協力は絶対必要だ。しかし、当時の福岡の政財官界は、プロ野球への強烈なアレルギー反応に満ちていた。

稲尾、中西、豊田らの活躍で黄金時代を築いた西鉄は69年秋、一部選手の八百長行為など球界を揺るがす不祥事を引き起こした（黒い霧事件）。このため、ライオンズのオーナーは「西日本鉄道」から「太平洋クラブ」（73年）「クラウンライター」（77年）と変わり、その翌78年10月12日、突然、国土計画へ身売りして「西武ライオンズ」が埼玉県所沢市に誕生した。

この身売りに関し、福岡の政財官界には何ひとつ通告や挨拶はなかった。

「所沢に移転する時、平和台はご承知のように人工芝を張る予算を計上したばかりだった。発表の1時間前に突如、所沢への移転を通知された。興行といえども長い間市民と一緒になり、地元のためにもなった球団が一言の挨拶もなく立ち去った」

「興行の成績が悪ければ会社を放棄することがあるとしても、地元に対する企業のモラルというものがあるはずだ。市だけでなく、ファンに対しても（とるべきモラルが）ある」

これは福岡JCによる球団誘致運動が起こる4年前の82年9月21日、福岡市助役の武田隆輔が議会で答弁した「プロ球団に対する考え」、いわば市の公式見解だ。

クラウンライターの身売りから4年たっても、武田の怒りはなお残り、今にも爆発しそうな感情を懸命に抑えたような答弁である。

平和台球場の改修は、総工費3億5００万円、全面人工芝、バックネットは鉄製のひし形から見やすいステンレス製の長方形の網目に変更。さらにスコアボード改造、バッテリー間の照度も明るくする大がかりなものだった。

78年3月13日の市議会で、野球好きの市議・山崎広太郎から、

「平和台の外野は小雨が降ったくらいでもドジョウが泳ぐと聞いた。芝は20年以上も張り替えず、耐用年数もとっくに過ぎたとか。大都市としてあまりにも恥ずかしい。ほかの都市にも誇れるようにしてほしい」

と指摘された市が、わずか半年後の9月議会で改造予算案を提出し可決したものだ。

改装工事は外野を人工芝、内野はグラウンドを60センチ以上掘ってアンツーカーにするはずだった。工事の相談を受けた市教委は、現場周辺が飛鳥から平安時代にかけての迎賓館「鴻臚館」跡と推定されるため、掘り返して遺跡、遺構が出れば工事をストップさせると警告し、計画変更

を促した。その結果、内野の掘り下げを断念、上辺を人工芝で覆って開幕に間に合わせた。

こうした苦労を伴う改修までしながら、球団は理由も説明せずに改修なった平和台を置き去りにした。福岡市助役の武田は急ぎ上京して西武グループの総帥・堤義明に本拠地の福岡残留を熱望、所沢に移転しても「できるだけ平和台での試合を多く」と、受け入れられるはずもないことまで頼むしかなかった。

79年4月4日、装いを新たにした平和台球場が竣工、プロ野球は7日に各地で開幕した。主のない平和台球場で開幕戦はなし。わずかに12日、阪急VS西武戦が1試合だけ行われた。福岡市の陳情に西武は、阪急主催試合のビジターとして姿を現したのである。

西鉄ライオンズの「黒い霧事件」、球場の改装を置き去りに無言の撤退……。

「福岡を見捨てたプロ野球だ。戻る気があっても戻れないだろう」

「予算をつけたのに、断りもなく立ち去った不信感は消えない」

これが誘致運動へ勤しむ福岡JCの面々に対する、福岡市首脳部の回答だった。

福岡財界は九州電力を中心に、銀行、ガス、鉄道など公共性が強い企業が組織した「七社会」が経済活動の中心を担っていた。七社会の各社は、

「半公共企業として、私企業であるプロ野球に肩入れはできない」

「信頼関係を覆した去り際の行為が、プロ野球への不信、怒りとして今も残る」

と歩調を合わせた。福岡銀行の頭取・新木文雄がただ1人、

「可能性があれば、出来る限りの努力をしなさい。若い人の活躍を楽しみに見守る」

と、前向きに反応したが、大きな後ろ盾となる政界の反応も冷めていた。

「プロ球団の誘致に下手に動いて失敗すれば、政治生命にかかわる」と公言した国会議員もいた。そこで、ＪＣのメンバーは「雨が降ればドジョウが泳ぐ」とユーモラスに球場大改造を迫った山崎広太郎を頼った。山崎は元ＪＣ会員、85年から市議会議長に就任した野球好きの実力者だ。ロッテ監督就任前の、稲尾の誘致活動でも相談に乗っている。

「政治生命も何も関係あるか。まかせとけ」

山崎は即答した。

稲尾和久の福岡誘致への思い

ロッテ監督の稲尾がなぜ、福岡ＪＣに球団誘致を働きかけたのか。唐突に見える行動の背景には、監督就任時の交渉経過があった。

「黒い霧事件」が起きた69年秋、西鉄は監督の中西太が辞任、やむなく監督を引き受けた稲尾は74年までどん底状態の西鉄、太平洋を指揮した。その後、野球評論家を経て78―80年は中日の投手コーチとして腕を揮った。81年から福岡で再び評論家生活に入った稲尾は、自分が不在の間に野球の灯が消えた福岡市民が活気を失ったと感じて、個人で球団誘致運動に乗り出した。

現役時代の後援者だった九州電力会長の瓦林潔、企業の「再建王」ともてはやされた来島どっくの坪内壽夫、宅急便で業績を急拡大した佐川急便の佐川清、北海道にプロ野球誘致を夢見る知事の堂垣内尚弘、自民党の実力者中川一郎など、球団誘致に少しでも脈がありそうな政財界人に手当たり次第に会っては、働きかけていた。

稲尾の陳情先が全国へ散らばったのは、当時のセ・リーグ会長、鈴木龍二のアドバイスによる。

稲尾は福岡へ球団が根付くためにはセ・リーグ加盟が大事と考え、鈴木に相談したところ、「1球団だけではダメだ。作るなら2球団だ。九州に1チームのほか、別の地区にもう1球団だ」（『鉄腕一代』）と、鈴木に激励されたからだ。

その誘致活動の最中、ロッテ監督へ就任要請を受けることになり、動きが止まる。

ちなみに、稲尾に監督を要請したのは、のちに福岡JCと面会したロッテの松尾守人である。

就任交渉は1983（昭和58）年秋、巨人と西武が日本シリーズを戦っているさなかに、東京の高輪プリンスホテルの一室で行われた。当時の松尾はロッテ本社総務部長だった。

2人は初対面。松尾が差し出した「総務部長」の名刺を見た稲尾が一瞬、驚いた様子で名刺を見直した。野球と関係ない本社の総務部長がなぜ自分を呼んだのか――稲尾の疑念を見透かすように、松尾が口を開いた。

「ロッテは今年から本社の総務部内に球団課を作り、私は総務部長として側面からの応援などで間接的に球団を支援してきました。球団に無縁でない人間として、稲尾さんにお願いに来た。ぜひ、聞いてください」

ロッテに入社する前は、日活の敏腕プロデューサーとして活躍した松尾は「常識外れのお願いと承知しているし、こんな若造が交渉役で恐縮です」とつけ加えた。

ロッテは前年が5位、この年も最下位と不振が続き、10月末に監督の山本一義を解任し「次期監督を稲尾に決めた」。それを「引き受けてくれ」というのである。

稲尾の球団誘致活動を陰から絶えず激励していたのが、九電会長の瓦林潔だった。他にも恩義を受けた政財界人に無断でロッテ監督を受けることは、義理堅い稲尾の美学に反した。

「ありがたい話だが、今さら誘致活動を投げだせない。1年間、猶予の時間が欲しい」

松尾も一歩も引けない立場だ。ここに至るまでにロッテは複数の監督候補を検討したが、脈がなかった。あてもないままに監督を解任したフロントの失態に呆れたオーナーの重光武雄が、松尾に大命を一任したのである。

「1年は待てない。今、あなたが必要です。引き受けてもらえないと困ります」

言い分は平行線をたどったままだったが、2人は妙にウマがあった。

きっかけは松尾の年齢を、稲尾がたずねた時だった。同じ1937（昭和12）年生まれで、松尾は福岡、稲尾は大分出身と分かり、九州男児、アルコール好きの2人は意気投合した。

稲尾が櫓を漕ぎながら父親の漁を手伝った少年時代を語り、松尾は炭鉱の街・飯塚で小説家を夢見た青春を語った。次々に話題が弾み、冷蔵庫の酒類はすべて空になった。

しばらくして稲尾は少し眠くなったと、隣の部屋へ消えた。

「返事をもらうまでここで待ちます。どうぞごゆっくり」

松尾は待ち続けた。小1時間が過ぎて、隣室から稲尾がのっそりと出てきて口を開いた。

「分かった。オレはもう決めた。ただ、次の3人にはこれまでの交渉経過、私が言ったことをちゃんとあなたから説明して欲しい。契約はそれからにしませんか」

稲尾は瓦林と福岡市議の山崎広太郎、福岡相互銀行社長・四島司の名をあげた。球団誘致で相談に乗ってくれた政財界人である。

「福岡の方々の了解は必ずもらいますから、すぐ契約させてください。無理やりお願いした以上は、稲尾さんの言う通りにします。どうぞ金額を書き込んでください」

松尾は準備した3枚綴りの契約書を稲尾へ手渡した。3年契約。「成績によって年俸は加減がある」と印刷され、金額欄と日付蘭は真っ白だった。契約書を見た稲尾が、笑いながら答えた。

「あなたに自由と希望を奪われた私には、契約金というより慰謝料をもらう感覚です。でも被害額はこれだけと声高に主張する気持ちはない。あなたに決めてもらいたい」

金銭に淡泊な稲尾は、こんな表現で契約金を松尾に決めるよう求めた。

押し問答の末、松尾が年俸と契約金、日付を書き入れた。稲尾は金額には目もくれず、3枚目に署名した。ハンコなどはないから、署名のあとに「稲尾」を丸く囲んだ契約書が完成した。契約の正式発表と発効は11月15日とすることで合意した。話が終わると、稲尾が、「球団をいつか福岡へ持っていきませんか」と提案した。

「稲尾さんの気持ちは理解しますが、それは今、約束する話でもないことはお分かりいただけますね。監督を頼む以上は、球団誘致の話は条件から棚上げしていただきたい」

稲尾は了解した。

監督への就任要請は球団にとって大きなニュースである。稲尾監督誕生の一大セレモニーを表へ出すため、ロッテは前段階として「球団社長の松井静郎が本日午後7時半から東京プリンスホテルで稲尾と会い、監督就任を要請した」と11月8日夜、わざわざ発表した。

ロッテの発表で一躍時の人となった稲尾は、

「ロッテが平和台へ移転し、九州の球団となることが監督就任の前提」(10日)

「移転時期を示すのは難しくとも将来計画としてはっきり示してほしい」(11日)

と発言して世間の注目を集めた。一方の松尾はすぐ福岡へ飛び、瓦林、山崎と個別に面談し理解を得た。四島は業務多忙のため、稲尾の契約が発効する前日の14日、福岡相互銀行の東京本店で面会し納得してもらった。

強気の発言を繰り返した稲尾は四島が了承した翌15日、

「九州移転は私の夢だった。監督就任の条件とは関係がない」

と、約束通りに矛をおさめて監督に就任した。

稲尾は松尾と交渉中、誰とも相談はせず、金額も球団に任せて契約した。あくまでも稲尾という人間の器の大きさがそうさせたのだろうが、代理人が跋扈する今の時代に比べ、なんと大らかで人間味豊かな交渉だったことか。

九州にプロ野球球団を呼び込むべく水面下で動いていた稲尾。そのことを知らずに、監督就任を口説き、のちに球団代表として、福岡移転を考える立場になった松尾。

そして、稲尾の言葉に胸打たれ、球団誘致に動き出した福岡ＪＣのメンバーが、時を超えて１つにつながるという、「偶然」が重なったのである。

「カープ応援歌」が市民球団創設論文を呼ぶ

稲尾が福岡ＪＣメンバーに「広島のように市民の組織的応援、草の根から盛り上げることが必要」と説いたのは、広島カープの苦難の歴史に由来する。広島カープは設立時の資金難を乗り越えるために郷土一帯の法人、個人有志に「設立趣意書」で資金を求め、球団設立にこぎ着けた。

１９４９（昭和24）年12月５日付けの「広島カープ設立趣意書」は、

「球団を個人や1会社のものとせず、同士、各界の賛助を得て広島野球倶楽部を設立し技術、品性傑出した人材を集め東洋最強の球団を結成し郷土ファンの熱望にそう。各位の賛同を得て発起人として参加を願う」

と、市民球団の設立をはっきり宣言している。

それでも苦しい経営は続いた。甲子園の阪神とのオープン戦を前に、遠征費の工面が出来ず、時の監督石本秀一が「給料は半分でもええ。カネがないなら歩いてでも甲子園にたどり着くけえ」と叫んだのは1951（昭和26）年3月14日のことだ。球団の経営を助けるため、ユニホーム姿の監督や選手が街頭に立って募金を呼びかけ、球場に置かれた空の酒樽が募金箱になった。

こうした苦難を乗り越えた広島カープの応援歌をきっかけに、「市民球団の創設」を論じる、福岡市職員による研究論文が生まれていたことにも触れておきたい。稲尾がロッテ監督に就任したことで中断してしまった球団誘致活動が、予想外のところで継承されていた運命的と言ってよい事実である。

それは、稲尾がロッテ監督に就任した1984（昭和59）年7月19日のことだった。福岡県と大分県にまたがる英彦山中腹の「福岡県青年の家」へ「現任4部」の市職員42人を乗せた貸し切りバスが到着した。「現任4部」とは係長昇進を目前にした主任たちのことだ。

福岡市は毎年、職員を「職階」に分けて1次、2次研修を行っていた。青年の家は1次で2泊3日、地方自治の授業を受けて終わる。2次は地方自治に関する自由論文作成である。

英彦山は標高約1200メートル、山伏の修験道場として知られ、福岡県青年の家は、自治体や学生、生徒が団体で訪れる人気スポットだった。

団体客が宿舎を入れ替わる際のわずかな時間に、挨拶を交わす慣例があった。やって来た福岡市職員は、広島県から来ていた男女高校生と入れ替わった。

「広島へ戻ったらしっかり学んでください。あとには福岡市の職員の方々が入ります」

青年の家の職員が両者を紹介した。高校生は「私たちの歌を」と、男女全員が声をそろえて広島カープの応援歌を高らかに合唱し、福岡市の職員から大きな拍手が起こった。

「高校生たちは、元気にカープの応援歌を歌い切りました。〝カープ、カープ、カープ、広島、広島カープ〟と歌った時の高校生の誇らしい顔……。そうか、地域に根付いた球団は、地元にこれほどの元気と誇りを与えるのか。西鉄ライオンズという、地元の球団を失って6年目、野球好きの私は、カープ応援歌に大きな衝撃と感動を受け、研修のヒントにしました」

こう語る市職員の金森秀明は、気にしていた「都市政策」の論文と「市民球団」という無関係な2つの命題が、夏空に吸い込まれたカープの歌によって急接近したと感じた。

職場へ戻ると、地方自治や都市政策に関する自由研究論文を作成する2次研修が待っていた。各グループごとにテーマを絞り、論文にまとめるハードなものだ。

道路建設、林政、水管理センター、施設管理課など、各部局の7人、全員が初対面だった。研究テーマの討議が始まると、やはり、高校生たちのカープ応援歌に感銘を受けた仲間が発言した。

「人口の急増で福岡市民から連帯感が消えた。連帯感が芽生えるにはシンボルが必要だ。英彦山のカープ応援歌がまさにそれに当たる。昔はライオンズが福岡市民の共通言語だった」

同調する意見が次々に出て、班の研究テーマは「市民連帯意識向上の一方策―市民球団の創設」に落ち着いた。執筆は金森が中心になった。

「昭和59年度　現任第4部研修　都市政策研究レポート」「市民連帯意識向上の一方策―市民球団の創設」――。研究論文は、いかにも役所の公式レポートらしい堅苦しい表題で、全40ページの小冊子にまとめられた。

稲尾の最初の誘致運動の際に相談を受けた九州電力会長の瓦林潔は、その思いを『瓦林潔回顧談―ひとくち多か』の中で次のように語っている。

「広島カープのような市民球団をつくるにしても、やはり東洋工業のようなバックが要る。電力会社はそういう役はできんから、地場産業がいくつか寄ったらどうかとも考えた」

「私は今でも『九州にプロ野球団の一つぐらいできてしかるべきだ』という考えをもってますよ」

「どっか名乗りを上げる地場企業があれば協力は惜しまないがなあ……」

その一方で瓦林は稲尾に「財界は言い出せば責任を背負い込む。だから言い出せない。様子見状態だ。他人任せは駄目だ。市民の声として（球団誘致運動が）出てこなければ」（「朝日新聞・西部」1982年1月4日）と、草の根運動の大切さを説いた。

金森らも論文作成で瓦林の考えを踏襲した。広島カープから、今や古文書となった「広島カープ設立趣意書」も入手した。研究論文は「カープ設立趣意書」に触れ、「ライオンズの足跡」「稲尾らの球団誘致の動き」から「市民球団設立構想」へと展開する重厚な内容だ。

彼らがまとめた構想は――

球団数を「6」で固定した。当時のパ・リーグは関東（西武、日本ハム、ロッテ）、関西（南海、近鉄、阪急）にそれぞれ3球団と、過密状態が続いていた。本拠地分散を望む声が強いパ・リーグの1球団を買収して福岡へ移転させる。

球団名は「福岡パイレーツ」。経営母体は、福岡市のほか20社が出資する第3セクター方式。さらに市民、地元企業からの寄付、県、市の競艇事業から収益金の一部繰り入れ、年間指定席6000席の販売などで球団運営費を捻出する。

新球団名の「パイレーツ」はセ・パ分裂の際に、1年だけセ・リーグへ加盟した西日本新聞社の「西日本パイレーツ」をヒントにしたものだ。「西日本」球団と、西日本鉄道経営のパの「西鉄クリッパース」が合併したのが「西鉄ライオンズ」である。

都市政策と無縁にも見える新球団は「市民の連帯意識向上」にどう役立つのか。必要な理由を次のように述べた。

「ライオンズの全盛時代、学校や職場は勝ち負けを語りあうのが日課だった。ライオンズによって九州は地域を超え、世代を超えて心が通じ合った。球団は精神的連帯の核だった」

連帯感の向上こそが市民球団誘致の本丸、都市政策へ結びつくというわけだ。

行政が取り組む問題は生活環境整備や社会福祉など多岐にわたるが、

「われわれは市民の要求や希望を行政に反映させることを付託された。市民球団の創設は市民の悲願であり、可能性を追求することも重要な責務」と堂々の論旨を展開した。

論文が発表されると新聞、雑誌、テレビが相次いで報道した。テレビからは出演依頼、札幌や神戸など球場建設を検討中の自治体からは金森への問い合わせが続いた。

「すぐ議長室へ来てくれ」。問い合わせに追われた金森はある日、市議会議長の大江健一に呼び出された。大江は山崎広太郎の前任議長で、やはり野球好きである。

金森らの論文は競艇事業の収益の一部を球団の運営費にあて、球場利用料も割引するなど助役の武田隆輔が明らかにしたプロ野球への市の公式見解と正反対の提案もあった。市職員の〝反乱〟である。緊張気味の金森に大江が語りかけた。

「ようやった。市職員にこんなサムライがいると思うと俺はうれしか。意を強うした。実は僕も球団を持ってきたい、と考えておった。お互いに協力しよう」

金森は団塊世代より前の1942年生まれ、やはり野球少年だった。

小学生のころ、製菓会社のキャラメルの空き箱を送り返すと、抽選で平和台球場の入場券が当たる景品があった。幸運にも巨人VS西鉄のオープン戦が当たった。初めて1人で路面電車に乗ってたどり着いた平和台には、川上や千葉らがいた夢のような1日だった。

この金森が、福岡JCによる球団誘致活動のメンバーに加わることになるのは、偶然を通り越した必然であったのかもしれない。

ロッテが福岡に来る⁉

86年5月、東京のロッテ本社で、福岡JC幹部が球団代表代行の松尾と面会するまでには、83年秋、稲尾へのロッテ監督就任交渉を起点にして、さまざまなことが球史の裏側で刻まれてきたのである。松尾との面会を終えた福岡JCの小田は、福岡市議会議長の山崎へ結果を報告、財界にパイプを作りたいと相談した。プロ野球誘致には消極的な財界だったが、福岡JCメンバーと松尾との面会は効果があった。

福岡銀行専務の杉浦博夫は、山崎から誘致運動へ協力を頼まれ、その場で快諾した。

杉浦は東京支店在任中の夏、後楽園球場へ浴衣姿で出かけてうちわを配り、西鉄ライオンズを応援したと語り伝えられる剛毅な野球好きだ。その反面、細かい気配りができるため相談を持ち込まれることも多く、「財界の世話役」とまで言われていた。

「うちは一度、嫁に逃げられた。今度は失敗できんぞ」

杉浦は、ライオンズが所沢へ移転したことを「嫁に逃げられた」と例えてJCメンバーを励ました。政界の山崎に続き財界の杉浦という、強力な二枚看板が市民運動に加わった。7月27日、元阪神のエース江夏豊を招いて開催した市民総決起大会に合わせ、JCは杉浦を委員長、山崎を副委員長とする「プロ野球誘致準備委員会」を発足させた。

さらに強力な助っ人も加わった。前述の金森秀明と、7月の参院選で福岡選挙区から初当選した福田幸弘である。

福田は元大蔵省主税局長、国税庁長官。ロッテ球団社長で元金沢国税局長の松井静郎とは旧知の間柄だ。選挙で「球団誘致にせいいっぱい努力する」公約をかかげた福田は、8月16日、「お手伝いしたい」と誘致運動へ協力を始め、9月2日は元市会議長の大江とロッテ本社で、松井と松尾へ挨拶、ロッテの移転への感触を探った。

同じ日、ロッテ本社を訪ねた福岡JCの小田、王寺に、松井が誘致運動の現状を聞いた。

「年間指定席を1000席くらいは確保できますかね。年間指定席は球団の安定財源として大変重要です。川崎球場でも、確か4000くらいあったはずだが……」

松井はそれとなく、年間指定席の大量確保を求めた。王寺が答えた。

「福岡の七社会と相談して動いていきます。加えて、地の利を活かしたキャッチフレーズ『アジアが見える新球団』などを考えています。そうなれば、韓国の選手も日本でプレーしやすくなるでしょうし、日韓両国関係にもいい影響が出る。そんな期待も込めています」

9月29日、市議会議長の山崎がＪＣの小田、王寺らとコミッショナー事務局、セ・パ両リーグを訪問して球団誘致を求める地元の強い熱意を伝えた。

「福岡市民の間で球団誘致熱が高い」

「地方の時代が叫ばれる今、球団が去って10年近い空白を埋めたい」

「東京、関西にそれぞれ３球団が集中する過密解消に資する」

ただ、山崎らはその時点でロッテと交渉中であることは秘匿した。誘致対象がロッテと分かった時に、福岡の野球ファンの感情がどう動くか、読めないからだ。

一方のロッテは、誘致の陳情を受けた5月以降、協議を重ね、九州へ移転するための前提を「移転しても都落ちの印象を与えない環境作り」とした。

そのため、コミッショナーが「九州にプロ球団を」と全球団に呼びかけ、要望に応えてロッテが手をあげる。そうすれば、「都落ちの印象はなくなる」という独自の筋書きを考え、福岡ＪＣのメンバーと面談するたびに伝えていた。

本拠地に予定する平和台が市営球場のため、市当局への球場使用料のディスカウント交渉、球場内の看板収入、飲食販売収入はロッテに帰属すること、二軍選手の寮は完全個室、球場改装なども移転の前提条件に加えた。

86年11月８日、青年会議所の有志が稲尾の〝ご苦労さん会〟を開いた。

「３位以上を確保すれば来年もお願いするし、だめならお引き取り願う。覚悟して戦ってください」と開幕前に松尾から通告された稲尾は、４位の責任を取らされた。事実上の解任だった。

「これから誘致運動を加速させよう。稲尾さんはもう自由だ。運動の先頭に立ったらいい」

ご苦労さん会はいつの間にか決起集会の様相を帯びた。〝稲尾世代〟を得体の知れないパッションが突き動かしていた。

福岡ＪＣはロッテや球界関係者に球団誘致の目的や理念を訴えた手書き26ページの小冊子「親子で見たい新球団　平和台にふたたびのともしびを」を提出した。

冊子では福岡へ球団を誘致するため、フランチャイズ再編の必要性を強調した。

セ・リーグの本拠地が関東３、名古屋、兵庫、広島と４か所に対し、パ・リーグは関東、関西各３球団と偏在した点に触れて次のように述べた。

「理想論として12球団を地域の能力で再配分すれば関東４、関西３、名古屋、広島、福岡、仙台、札幌各１となるが札幌、仙台は気候的条件で制約がある」

「パ・リーグがセ・リーグに劣らない人気を博するためフランチャイズ再編は最大の急務であり、福岡市の存在が大きくクローズアップされるゆえんである」

この２年前、金森らの研究論文も「地方の時代でありながら、地方の拠点都市で球団がないのは札幌、仙台、福岡」と指摘していた。

時代も令和となった今、札幌から福岡まで全国を縦断する６都市に本拠地を展開するパ・リーグの現実を見ると、研究論文や福岡ＪＣの見事な先見の明と言ってよいだろう。

勢いづく２年目の球団誘致活動

「スタジアムに私たちのチームを。福岡にプロ野球球団の誘致運動を進めています」
誘致運動2年目の1987（昭和62）年3月9日、西日本新聞朝刊に、福岡JCの全面広告が掲載された。球団誘致を不退転で進める福岡JCの決意表明だった。

JC理事長に就任した中村量一は「プロ球団誘致」を引き続き目指した。JCの各委員会のテーマは原則として単年で終わるが、中村の背中を王寺が押した。

中村が87年のJC理事長に選任された前年秋のことだ。

「王寺君、ほんとに球団は来るだろうか」

「当たり前だよ。ロッテは川崎を離れたがっている。来るかどうかは努力しだいだ。あと一押し、来年も誘致運動を続ければ、必ず夢はかなう」

中村は当時を振り返って、こう言う。

「若いから踏み切れたことです。2年続けて運動し誘致に失敗したら、理事長として〝すみません〟と潔く頭を下げようと開き直った。今だったらそんな決断が出来たかどうか」

西日本新聞の全面広告に続き、民放局でスポットの球団誘致CMを流した。5月は博多のお祭り「博多どんたく」でアピールし、タクシーにはステッカー、商店街や市民にはチラシを配った。

外部への広報宣伝活動が広がれば、政財官界への協力要請がさらに重要になる。5月29日、福岡市でスポーツ行政を担当する市民局長・真鍋純哲に活動状況を説明した。

当初は冷淡だった市当局もマスコミ報道を通じて、市民の間に広がり始めた球団誘致運動の大きなうねりに注目していた。

福岡市助役の友池一寛も非公式に動きだした。友池は3月の人事で総務局長から助役に昇任した。福岡市は複数助役制で、友池が担当する局は市民、経済、農林水産、港湾各局だった。友池は球団誘致が実現した時に、財界がプロ野球を積極的に支援するか、あるいは距離を置いて見守るのか、動静に注目した。財界の動き次第で、行政全般が大きな影響を受けるからだ。

友池は、長い付き合いがある永倉三郎にも意見を聞いた。永倉は九州・山口経済連合会（現九州経済連合会）会長で、九電の社長、会長のほか福岡県体育協会長も歴任し、九州の財界とスポーツ界に絶大な影響力を持っていた。この時点ですでに福岡JCのメンバーも面会し、誘致活動の進行状況を説明している。

永倉は「市民運動で球団誘致が実現したら、やはり市とかかわりが出る。球団の財政事情をはっきりさせ、赤字の際の対応策もあらかじめ決めた方がいい。市議会が誘致決議をしてはどうか」と、アドバイスした。

福岡市議会は7月2日、全会一致で球団誘致を決議した。

「ファンの憧れの存在であるライオンズの火が消えてはや10年、改めて人々に愛され、青少年の健全育成、体育文化の振興、地域の活性化に大きな役割を果たす新しいプロ球団の出現を待ち望む声が日増しに高まっている。かって西鉄が地域、世代を超えて通じ合う共通の言葉だった。プロ野球は市民文化再生の契機、地域の象徴として心を1つに結びつける。市にとって存在意義は極めて大きい。よって市議会は野球ファンの悲願達成のため、一丸となってプロ野球誘致、推進運動に賛同、推進することを決議する」

決議文の「野球は地域、世代を超えて通じ合う共通の言葉」は、金森たちが「市民連帯意識向上の一方策―市民球団の創設」論文の中でもっとも強調した文言である。

誘致運動は政財官界の理解を求める一方で、市民のコンセンサスを目指して「プロ野球誘致87サマーキャンペーン」を開いた。

「燃えよ、立ち上がれ　今こそ九州プロ野球！」と福岡JCと誘致委員会が市民へ呼びかけ、7月11日午前11時50分、市会議長の山崎が左腕から山なりのボールを投げてマラソン野球大会が始まった。少年野球、町内会、福岡市議団、青年会議所迷球会など36チームが参加した。試合時間は翌日午後3時19分まで計「26時間89分」とした。26を「プロ」、89を「野球」と読ませ、プロ野球への熱い思いを伝えたい洒落である。

午後8時過ぎ、市議団の試合中に市長の桑原敬一が応援に現れた。前年12月の市長選で助役から初当選した桑原は、野球誘致運動懐疑派の1人だった。山崎が桑原を口説いて、やっと重い腰を上げさせたのだ。

市民ぐるみの球団誘致活動を一層鮮明に打ち出すため、誘致準備委員会は9月27日、委員長山崎、副委員長中村、事務局長小田とする「市民球団誘致市民会議」へ名称を変更、決議文を採択した。

「プロ球団の誘致は日本に12しかない限られた資源誘致という困難なものだが生涯を観客として球団経営を支える。自前球団として郷土色が強い〝市民球団〟を球団とともに創りあげる。福岡、九州には球団を育てる熱意と資源があり、私たちの意志に応える球団が存在すると確信する」

決議文の「応える球団」は極秘に移転交渉中のロッテである。

「12しかない資源」などの表現は、JCのスポーツ文化委に所属する加地邦雄のアイディアだった。加地は26時間89分の「プロ野球」も思いついたアイディアマンだ。

「福岡市は急速に都市化して人口が急増した。親子、隣人関係の断絶もしばしば問題になっていた。野球の話題は隣近所、親子の希薄になった人間関係をつなぐもの、つまり大事な〝こころの資源〟だ、と思いつきました」

加地の考えを、中村も別の観点から戦略的に取り入れた。

「最初から誘致を目指す球団名を掲げると、好き嫌いがあり足並みが乱れる可能性もあった。日本に12しかない資源、という貴重さを訴えて球団を誘致する合意をまず形成する。合意に応えた球団がロッテだったということなら、市民にも納得してもらえる」

「貴球団誘致運動の経過報告」

大掛かりな誘致運動の裏側では、ロッテとの水面下の移転交渉が着々と進んでいた。

87年7月上旬、ロッテ球団社長の松井静郎が初めて「市民球団構想」を示してきた。ロッテと地元が5割ずつの出資で別会社を作り、球団名変更に応じる余地はある、代わりに年間入場者1００万人を確保するため、年間指定4０００席を保証できないか、という概要だった。

誘致会議は、最大限、楽観的に見れば年間1００万の動員は可能と試算した。西鉄が初優勝した1９５4（昭和29）年、福岡市の人口は48万人で、約89万人が平和台球場に入場した。86年は人口1１８万人。人口増だけを見れば達成は容易な数字だが、入場者数は常にチーム成績が左右する。成績不振と「黒い霧事件」の余波が続いた70年前後の6年間のうち、5年間はやっと30万人を超えた程度だった。

ロッテの最初の要求は、年間指定席1０００席だった。それが4倍になり、入場人員1００万人の保証はいくら何でも無理ではないか――誘致会議は「七社会は半公営企業であり、私企業のプロ野球の営業補償は困難」と、ひとまずロッテ側の要求を押し戻した。

9月1日、球団社長の松井から、ロッテ球団の財務状況を詳細に示したマル秘資料が届いた。「年間経費18億、収入は入場料5億1000万円（うち年間指定席3億5000万円）。テレビ、ラジオの放送収入8600万円、広告収入9300万円を合わせ7億。よって11億円が不足する。経費の内訳は人件費10億、選手補強と遠征費5億、球場使用料1億、その他2億円」

文面の最後は「不足分を補う工夫、道筋をどうするか、建設的で具体的な対策を関係者と至急話し合って合意したい。ロッテが未来永劫川崎へとどまる気はない」と結ばれていた。

ハードルが高い要求だったが、10月上旬、「貴球団誘致運動並びに地元受け入れ環境の進展についての経過報告」と題した文案がまとまった。ロッテへの最終回答案である。

最終回答案は、市民が立ち上がり、プロ野球誘致を試みた福岡JCの運動を振り返るうえでも、そしてプロ野球史の中でも極めて貴重な資料である。要旨を詳述しておく。

（1）貴球団誘致に伴う地元の経営責任

残念ながら九州財界の主要企業は公共的な性格が強く、地元球団の性格を強く持ったプロ球団であっても、特定の球団を持つ、あるいは経営参加になじまない企業が大部分である。

貴球団誘致に際しても支援は惜しまない立場にたつものの、球団経営のリスクヘッジは不可能との立場をとらざるを得ない。行政も同じである。

（2）年間予約席4000席の保証

財界は支援の証として、貴球団が誘致に応じれば年間予約席４０００席の購入を確約した。これに市民球団誘致市民会議、福岡ＪＣの努力によって別途２０００席を加える。

（３）福岡平和台野球株式会社について

「福岡にプロ野球の灯を消すな」という市民の思いに応え、九州財界、福岡市が創設した株式会社の役割は「当市にフランチャイズ球団が出現するまで」の暫定的な色彩が強く、関係先から貴球団誘致が実現した暁には所期の目的を達成、解散するとの返答を得ている。

（４）平和台球場使用契約、球団諸施設への市当局の配慮

現在は、市当局と当該問題の具体的交渉は進めていないが、市議会の球団誘致決議、財界の球団誘致活動、さらに市民球団誘致市民会議の設立など環境の成熟に伴い、市当局が本件を前向きに検討する条件は整いつつある。

市当局は「誘致市民会議」の常任委員、委員に責任あるスタッフも参加させており、可能な範囲で市当局と折衝を進めていく。

（５）市民球団誘致市民会議の設立と運動のスタート

9月27日、４万人の会員からなる「市民球団誘致市民会議」を設立した。

福岡都市圏のすみずみまでプロ球団誘致の気運を徹底させ、広範な市民活動を通じ関係各界と誘致運動を具体化する。

運動は、①生涯愛し続ける郷土色の濃い「市民球団」像の研究とコンセンサス作り②生涯観客としてより積極的に球団経営を支える具体的方策の研究を骨子に、将来的には責任と目的意識を持つ10万人組織とし、誘致球団の後援会組織へ発展させる――などを目的とした。

したがって、全国のフランチャイズに例を見ない圧倒的な後援会組織が球団、選手を支援する

（6）これからの課題と展望

福岡には「西鉄ライオンズを手離した」苦い実体験があり、（球団誘致の）慎重論を助長したが、対極に「二度と同じ過ちは起こさない」責任感がある。

各項の対応策はこうした歴史的背景を持つ者の真面目な意思表示であり、今後、われわれは市民運動の広がりを糧に福岡、北九州両行政首脳へ具体的意志表示を求める。球団誘致が総論から各論に入り、誘致の要請側、受ける側とも実現可能な話として信じることが不可欠です。

福岡市民にさらに希望に満ちた前向きの意向をお示し下さるよう願ってやみません。

経過報告の（1）（2）からは、ロッテ側が最後まで要求したリスクヘッジを、公共的色彩が強い財界が拒否する代わりに、「協力への限界点」として年間指定席4000席に新たに2000席を加えて保証したこと、（3）は球団の経営権にかかわる問題で、ロッテ側が球場内の広告料金や売店の売り上げを収入とする、福岡平和台野球株式会社の存続を懸念したこと、などが分かる。

（4）は平和台球場の使用料金、練習場、合宿所などの球団施設に対し、行政側がどのような助力、対応を考えているか。ロッテの質問への苦し紛れの回答だろうが、注目すべきは市が誘致運動の常任委員、委員と職員2人を送りこんでいたことだ。

（5）の②の生涯観客は、福岡JCなどが引き受ける年間指定2000席と連動しており、生涯観客の中から年間4席を引き受ける同志500人を集める構想である。

（６）は過去の反省に立ち、福岡ＪＣ、誘致準備委、市民会議全体として球団を強力に支援する決意表明である。互いの信頼関係樹立に触れた最後の箇所に両者の微妙な関係がうかがえる。

球団福岡誘致に深まる確信

「この回答で財界、官界が協力できるラインをはっきり示すことが出来た。最初の１０００の年間指定席が各機関の協力で６０００まで積み上がった。ベストを尽くし実にすがすがしい気持ちだった。果報は寝て待ての心境です」

最終回答案作りに走り回った王寺は自信を深めていた。市民球団誘致委員長の山崎広太郎も思いは同じだった。最終回答を提示する前に「スポーツニッポン」（87年10月６日）のインタビューに応じている。

「誘致が実現したら市民会議は10万人の後援会組織に切り替わる。経済界は４０００席の年間予約席の購入を約束したがこれは前例がない」

「具体的な球団名は言えない。言えば、それでは客が集まらないとかそこに議論が集中する」

「こちらから希望する球団はない。目指す市民球団に同調してくれればどこでもオーケー」

「誘致のタイムリミットを今年のペナント終了段階に置いている」

最終段階へ差し掛かってもなお、山崎は「具体的球団はまだ言えない。誘致を希望する球団はない。手をあげてくれればいい」と、球団名がない誘致運動を強調した。

10月15日朝、山崎と小田、金森が、羽田空港からタクシーで新宿のロッテ本社へ向かった。苦労して仕上げた「貴球団誘致運動」の書類が各自のカバンに入っていた。

3年前に市民球団誘致の論文を書き、今回の誘致活動に参加した金森が、ロッテ本社を訪問するのは初めてだった。その金森に山崎は「君が説明役だ」と伝えた。市役所勤務のかたわら、黒子に徹して様々な理論構成、書類作りを続けてきた金森へ用意した花道である。

「これだけのボールを投げてもらった。今度は私の方から投げ返します。少し時間をください」

金森の説明を聞いたロッテ球団社長の松井が、資料を手に、満足そうにうなずいた。

松井は球団が動けば300人くらいが同時に移動する、簡単には動けない数だから「準備に協力をお願いする」と頭を下げた。練習場として福岡県八女市にあるロッテの工場敷地が二軍の練習場に利用できないか考えて欲しいと、工場敷地を管理するロッテ商事の担当者も紹介した。

はっきりした言質こそなかったが、松井の発言はすべて福岡移転を見据えていた。山崎らから報告を受けた市民会議のメンバーは、恐らくだれもが「ロッテの福岡移転は決定」と受け止めただろう。市民会議は「移転決定」の吉報を待ち構えた。しばらくして松井から予想外のボールが投げ返されてきた。

回答延期――。

ロッテは88年のソウル五輪に備えて、韓国に巨大施設「ロッテワールド」を建設していた。社運をかけたこの大事業の工事が一段落するまでしばらく返答を待ってほしい、という趣旨だった。

事実上の誘致決定と思いこんでいた市民会議は落胆したが、社の事情と聞けば反対する理由もなく、延期を受け入れるしかなかった。運動を引っ張ってきた王寺は「せっかく運動を盛り上げてここまでやって来た。もう1年やろうということで3年目の運動継続がすんなり決まった。めげているような暇はなかったですね」と語った。

福岡ＪＣは88年を球団誘致運動総仕上げの年とするべく、３年目も誘致運動継続を申し合わせた――。

球団買収へ動き始めたダイエー

ロッテが福岡ＪＣへの返答延期を通告した時期とほぼ重なる87年晩秋、中内㓛率いるダイエーが、ロッテ球団買収へ動きだした。

ダイエー事業企画室長の鈴木達郎、社長顧問の鵜木洋二（現・福岡工業大理事長）が、中内からロッテへの買収交渉を命じられると、鈴木は若手の事業企画室員、瀬戸山隆三に声をかけた。

瀬戸山はかつて、人事統括室、デベロッパー事業本部などで鈴木に仕えた。人事担当の鈴木が決めた人事案に、入社してまだ2、３年の瀬戸山が疑問を唱えたことがある。以来、鈴木は瀬戸山の気の強さに着目し、難しい業務をしばしば発注して実行力、企画力を試していた。瀬戸山はのちにダイエー、ロッテ、オリックス各球団で代表を務めた。以下は瀬戸山の回想である。


「プロ野球をやることにした。ある人に会うからついてきなさい。ただし、誰にも喋ってはいけない。これはボスの命令だ」

これだけ言うと、鈴木はさっさと車へ乗り込んだ。わけもわからず瀬戸山が同乗した日は87年晩秋から、初冬へ差し掛かった時期だったという。車が横付けされた「銀座かどこかの静かな店」に、紺のスーツを着こなした白髪の紳士がいた。ロッテ球団社長の松井静郎である。

「今回はお世話になります。うちの中内は頼まれれば麻薬、女、拳銃以外の商売はなんでもやります。これが担当の瀬戸山です」

話題は社会情勢やダイエーのスポーツ界での活躍、女子バレーやソウル五輪、さらにプロ野球へと飛んだ。五輪のマラソンではダイエー陸上部の中山竹通が注目されており、鈴木が創部の苦労などを語った。雰囲気がほぐれたころ、松井が球団の財務状況を示す簡単な資料を参考までにと、鈴木に手渡した。

「ロッテが球団を持つ時代は終わりました。了解いただければ、間違いなく重光を説得します」

重光とは、ロッテ製菓社長にして球団オーナーの重光武雄である。

以後の会談は雑談で終わった。帰りの車中で、鈴木は松井からの資料を瀬戸山へ渡し、中内が理解しやすい資料にするように命じた。松井の資料は、セ・パ各球団の年次ごとの入場者数、ロッテ球団の年間売り上げなどが印字されていた。

瀬戸山はこのほか各球団の年度成績、ロッテの本拠地・川崎市の野球熱など、あり合わせの資料をまとめて数日後、中内へ説明した。同席した鈴木は聞き役だった。

「調査はまだ途中ですが、パはセに比べて入場者も少なく、儲かる商売ではなさそうです」

両リーグの入場者数の格差は歴然としていた。

この年、セの入場者は１２００万人強に対しパは７００万人弱。巨人が３００万人、ヤクルト、阪神、中日が２００万人、最少の広島が１１０万人。パは最高の西武が１８０万人で南海、ロッテはともに１００万人を大きく下回った。大学で準硬式野球に親しんだ瀬戸山は、プロ野球に一応の興味や知識があり、個人の考えも付け加えて中内に分かりやすく説明した。

「球場はどうだった」

聞かれた瀬戸山は、正直に「見ていない」と答えたため、中内が激高した。

「現場（球場）も見ないやつがなぜ儲からないと言えるのか。納得できない。再調査せい！」

スーパー視察の際は、商品の並べ方、宣伝文句から食品を盛る容器、店内の室温まで細かくチェックして指示する中内は、徹底的な現場重視主義者だ。

瀬戸山は川崎球場へ駆けつけたが、オフの球場は誰もいなかった。閑散とした球場の前にしばらく立ち尽くした。年末商戦のスーパー繁忙期へ差し掛かろうとしていた。中内は慌ただしく各方面を飛び回り、再報告の機会がないままに年が暮れた――。


ダイエーの鈴木とロッテの松井が突然に話し合いの場についたのは、松井が福岡ＪＣへの回答延期理由にあげたロッテワールドが関係していた。

ロッテがソウル五輪のメインスタジアムの近くに建設中のロッテワールドとは――。

完成後は高層ホテルのほか高級品、大衆用にそれぞれ特化した２つのデパート、スーパーのほか、ショッピングモールには４３０の専門店を揃え、重光が「売っていないのは飛行機、戦車、軍艦」と豪語するほどのスケールを誇っていた。

デパート経営のノウハウを学ぶため、ロッテは韓国のホテル従業員を高島屋へ派遣し、実務教育を受けさせていた。こちらは正式な業務委託契約だったが、スーパー経営のノウハウ指導は、中内と重光の個人的関係から、正式な契約もないままに始まっていた。

超ワンマン同士は意気投合した。ダイエーの各店舗に、ロッテの菓子専用の商品棚がいっせいに置かれ、いつの間にか「ロッテ球団をダイエーへ売却」する案が浮上した。

中内が鈴木に、重光は松井へ指示して、２人が話しあいのテーブルについた、というのがことの成り行きだった。

ところで、松井がこれまでに福岡ＪＣへ示してきた「双方折半の市民球団設立」構想や「安定財源としての年間指定席の確保」など、球団経営を直接左右する諸条件は、すべて重光の承認を得なければ提示できないことだ。一方で、国税出身の手堅い〝能吏〟の松井が「球団を持つ時代は終わった」と自分の判断だけでダイエーへの球団売却を持ちかけるはずがない。

福岡ＪＣを中心とした「市民球団誘致市民会議」と1年以上も続けてきた球団移転交渉と、突然〝主君〟重光が命じたダイエーへの球団売却交渉という正反対の問題に松井は直面したのである。


福岡では11月24日、福岡市助役の友池を、ダイエー社長顧問の鵜木が訪問した。

鵜木は１９７１（昭和46）年、福岡市天神に九州初のショッパーズプラザがオープンした時の初代店長である。31歳の若さだった。のちにダイエーが吸収した九州最大のスーパー、ユニードの常務を務めるなど、福岡に長い勤務経験があり、福岡の政財官界にも広い人脈があった。

鵜木の友池訪問は、鈴木・松井会談と連動した動きである。鵜木は福岡ＪＣの活動を熟知していた。友池も助役として誘致運動を注視していたため、雑談が弾んだ。

「企画段階の話です。実は今、ダイエーでプロ球団を持つことを検討しています。雲をつかむような話で極秘ですが、将来、球団を持てば平和台球場を本拠地として使えるでしょうか」

鵜木は核心に及ぶことは何も語らなかった。茫漠とした話に即答できるはずはない。それでも友池は、鵜木が問い合わせた内容を市長の桑原敬一へ伝えた。福岡市の首脳部全体にダイエーがプロ野球へ進出する構想を練っていることだけが、おぼろげにインプットされた。

プロ野球復活を渇望し、福岡では球団誘致の大掛かりな市民運動も起きている中で、急成長を続けるダイエーが球団経営を考え、福岡市へ真っ向から直球を投げ込んだのである。

ロッテとダイエーの間、さらにダイエーと福岡市の間でこのようなやり取りが秘かに続いていたことを福岡JCは知る由もなく、一途に球団誘致へ突き進んでいた。

88年1月8日、福岡市の中心地・天神の一角に市民会議専用の小さな事務所を開設、会員を拡大するため野球やソフトボールの団体、医師、歯科医師会、タクシー協会、ライオンズクラブなどへ球団誘致のステッカーを配り、球団誘致の必要性を訴える「私たちの考え」と題した小冊子まで作成した。

彼らはロッテ、パ・リーグ会長、福岡市長らへ複数回の陳情、要望を繰り返して吉報を待った。

第2章　無敵の若鷹軍団を創った中内㓛の野球熱

阪神・吉田監督（前列左から３番目）の優勝祝賀会に出席した中内㓛（後列左から２人目）。その左にいるのは文箭安雄。

平成最後の日本一

２０１８年、平成最後のプロ野球日本一は、福岡ソフトバンクホークスが連覇でもぎ取って「ホークス創設80周年」という、メモリアル・イヤーに、花を添えた。

投打の中心選手の故障などで、埼玉西武ライオンズに６・５ゲーム差の2位に終わったホークスは、クライマックスシリーズで北海道日本ハム、西武、そして日本選手権でも広島東洋カープを圧倒した。下剋上の日本一に、福岡の町は「いざゆけ若鷹軍団」でわき返った。

「いざゆけ〜」は、ダイエーホークスが福岡移転2年目に、市民から歌詞を公募して作り、その後、ソフトバンクホークスが一部をアレンジして使い続ける公式球団歌だ。福岡の町では忘年会シーズンや結婚式になると、この球団歌の「♪われらの　われらの　ソフトバンクホークス」の歌詞を「〇〇ホークス」と社名、個人名を入れて歌う市民も多い。

この、無敵の若鷹軍団の福岡移転を決めた中内を、財界人として論じた書籍は数多あるが、中内がなぜプロ野球に真剣に取り組んだのか、その側面から中内の心情などが語られたことはあまりない。ここで中内がプロ野球に関わることになった経緯を追っていく。

福岡市に平和台球場の本拠地化を尋ねたダイエーの鵜木洋二によれば、中内のプロ野球進出熱が本格化するのは、１９８５（昭和60）年の阪神タイガースによるセ・リーグ優勝、日本選手権制覇だという。

「阪神の吉田義男さんとはプロ野球の相談を色々していたようですが、阪神の日本一は大きな契機になりました。実際にダイエーが球団を持つのは、その3年後ですからね」

「プロ野球の球団を持ちたい」

「あー、ここや、間違いない。ここや」

元コスモ証券社長の文箭《ぶんや》安雄は、東京・帝国ホテル1階のティーラウンジを懐かしそうに見回した。文箭は、大阪屋証券社長時代に、社名をコスモ証券と改めてイメージを一新、退任後は多くの財界人とともにベンチャー企業支援に乗り出すなど、やり手の関西経済人で、関西財界に多い〝虎キチ〟の中でも筆頭格の人物である。

文箭が「ここや」と言うラウンジは、彼と元阪神タイガース監督の吉田、そしてダイエーの中内㓛の3人が、1980（昭和55）年の晩秋、当時のセ・リーグ会長、鈴木龍二と対面した場所である。それから35年が過ぎた2015（平成27）年夏だったが、文箭は昨日のことのように当時のことを語り出した。

中内と吉田は長い交流があった。2人を結び付けたのが文箭である。

「吉田君とは、彼が25、私が28歳の時に初めて会いました。私は証券会社の駆け出しセールスマンで、結構きついノルマがありました。阪神ファンやったから、経済力のある野球選手を顧客にして楽しみながらノルマも達成しよう。そう考えて飛び込んだ先が、吉田君の家やった」

個人情報が今ほどやかましくない、大らかな時代だった。プロ野球選手の家族構成、住所、電話番号などは、市販された選手名鑑に細かく記されていた。訪ねていくと、吉田は近くに住む同僚の大津淳の家へ出かけており、文箭はそのまま大津家へ直行した。

「一度に阪神の選手2人に説明できた。運が良かったのでしょう。銀行金利が高くても、貯蓄から投資の時代が必ず来る。選手の寿命は長くはないから一部を投資へ回して、将来に備えた方が賢いと、僕は投資の魅力を説明した」

幸いにも、勧めた投資信託の利回りが良かった。ほどなく阪神球団内部に文箭の名前が知れ渡り、多くの選手が相談に来るようになる。選手と野球を語りながらノルマを達成するという狙いが的中し、吉田と大津は雑誌「東洋経済」(昭和34年6月号)の「投資漫談　買う人・売る人」にも担ぎ出されて体験を語った。

「そんなこともあって、球団の偉いさんやら高給取りのスター選手、一括して積み立てた選手会の冠婚葬祭用の預金まで運用を任された。球団のファンドマネージャーみたいやった」

文箭は楽しそうに声をあげて笑った。

中内㓛が文箭と吉田を通じて斡旋を頼んだ鈴木龍二は、プロ野球草創期の1936(昭和11)年、国民新聞社会部長から大東京軍代表に就任した。新聞社時代〝カミソリ龍二〟と恐れられた鈴木は、戦時の41年から日本野球連盟事務総長、戦後は日本野球連盟会長、2リーグ制後のセ・リーグ会長を52(昭和27)年から84年まで務めるなど、常に球界の中心に君臨したプロ野球界の生き字引的存在である。前章でも触れたように、稲尾和久が82年ころに、福岡へプロ野球球団誘致や新設を相談したことを考えても、球界への隠然とした影響力の大きさが分かる。

「中内さんが、どうしてもプロ野球をやりたい。セの会長に会わせてくれないだろうかと吉田君に頼んで、始まった会談ですわ」

文箭によると、中内はプロ野球をいつも、羨ましがっていた。シーズン中の試合結果は連日、テレビ・新聞・ラジオで報道される。

「つまり会社の名前がその都度、報じられるわけですよ。公共放送のＮＨＫでもね。会社が全国区の知名度を得るには、プロ野球チームを持つことだ。野球は商売の道具になる、とね。中内さんはせっかちで、手っ取り早く球団を欲しがった。しかも、横浜か東京へ出たいと。全国ブランドになればダイエー利用者も増える。そんなことで鈴木会長に会いたいと、頼んだわけや」

中内は、初対面の鈴木と挨拶を簡単にすませると、すぐに用件を切り出した。

「プロ野球の球団をどこか買収して、セ・リーグに加盟したいと考えています」

あまりにも性急な申し入れだった。驚いた鈴木が、少し間をおいて答えた。

「ありがたい話ですが、今のセントラルで球団を手放すところはないでしょう。お急ぎならば、四国にチームを作りませんか。水原茂や三原脩という大監督が出た、野球が盛んな場所です」

四国は戦前から松山商業、高松商業など春、夏の甲子園大会で優勝した強豪校が多い。水原、三原の師匠格で、巨人、阪神の元監督の藤本定義、阪神の景浦将、巨人の千葉茂、藤田元司や西鉄の中西太などあまたのヒーローが誕生した野球王国だ。

「九つの人九つの場をしめてベースボールの始まらんとす」

野球へのワクワクする期待を詠った明治の俳人、正岡子規も松山の出身だ。四国は文字通りの野球王国で草創期のプロ野球は四国出身者が大きな役割を果たしている。

しかし、1日も早く首都圏の球団を狙う中内の願望と、鈴木の提案はかみ合わず、中内が「田舎はいやや」とつぶやき、会談は終わった。

よく考えれば、鈴木は提案のかたちをとりながら、事実上はゼロ回答したに過ぎない。球団買収ではなく、新球団ならば加盟したリーグは7球団となり、試合ができないチームが必ず出る。奇数球団は戦前のプロ野球草創期や、セパ分裂後にセは2年間、パも4年間経験し、日程の編成や消化で苦労を重ねてきた。たとえダイエーが新球団結成を書面で正式に申し出ても、オーナー会議、実行委員会が日程編成上の問題から加盟を認めないことだけは確実だった。

中内を刺激する直接的な拒否回答を避けたのは、戦前から球界で辛酸をなめて身につけた、鈴木一流の交渉術であろう。

甲子園50万席を狙え！

中内㓛が、最初にプロ野球への強い興味を打ち明けた相手も吉田である。その回想――。

「（中内との初対面は）最初に阪神監督へ就任した1974（昭和49）年です。（ダイエーの）小さな本社がまだ大阪市内の中津にある時でした。文箭さんの紹介です」

74年のプロ野球界は、川上哲治率いる巨人が10月12日、中日にリーグの覇権を奪われ、奇跡的な連続優勝日本一の記録は、ついにV9でストップ、同日、長嶋茂雄が現役引退を表明した。2日後、後楽園球場の引退セレモニーで「巨人軍は永久に不滅です」と、ファンを痺れさせる名文句を残した長嶋は、日米野球終了後に監督に就任（11月21日）、川上は勇退した。

このオフ、阪神は吉田、大洋（当時）も下手投げで一世を風靡した秋山登と、往年のスターが監督に就任した。広島は、初めて元メジャー選手のジョー・ルーツを監督に任命した。

吉田の就任は10月25日。ダイエー本社は75年3月1日に、中津から吹田市へ移転している。移転の日時に阪神の秋季練習や春のキャンプなどを重ねると、2人の対話は、74年暮れから75年2月の春季キャンプ前の間と見てよい。

吉田が続ける。

「中内さんが野球に興味をお持ちになったのは、私と会うより少し前からやと思います。中内さんは甲子園の指定席を年間50万席ほど確保できんやろかと言われました。驚きです。甲子園の年間入場者が100万行くか、いかんかという時ですわ。巨人戦で50万、残り4球団相手に50万の観客が入る時代でした」

確かにその直前の3年間（1972~74年）、阪神甲子園球場の入場者数は、吉田が言う通りの数字を示していた。

	巨人戦入場者	他4球団計	累計
72年	44万9000人	35万8000人	80万7000人
73年	53万4000人	52万7000人	106万1000人
74年	56万4000人	52万人	108万4000人

阪神主催の甲子園の試合は多くて年間65試合、年間50万席は1試合平均、7700人強だが、中内が狙ったのは巨人戦中心の指定席だ。

軽快かつ絶妙な守備の「牛若丸」吉田、「ミスタージャイアンツ」長嶋。両球団の生え抜きスターが、初めて監督として直接対決する1年目のペナントレースの指定席である。

ただでさえ人気の阪神VS巨人戦は、新監督景気で超満員になると予想された。甲子園の巨人戦チケットをダイエーが試合ごとに大量に買い込めば、ファンの苦情が殺到するだろう。中内構想はあまりに壮大すぎた。阪神球団が断ったのか、吉田が実現不能と取り次ぎを断念したのか、途中経過は分からないが、ともかく構想は夢に終わった。

スーパー業界の苦悩が続く1974年

実はこの1974年以降、ダイエーは、所沢と熊本の出店計画で大きなトラブルに巻き込まれていた。所沢はダイエーにとって最大のライバルである、西武セゾングループ(当時)の西友ストアとの対立。一方の熊本は、大規模小売店舗法(大店法)が大きなネックだった。

西友と対立した所沢の出店問題は凄まじいものだった。

西武鉄道の池袋線と新宿線が乗り入れる所沢駅から徒歩5分。最寄りの地域の商店街のあるじと土地所有者が、周辺を買い増した約1万平方メートルの土地に、大型店の誘致計画をまとめた。73年秋から西友と交渉したがまとまらず、計画はダイエーへ持ち込まれた。

この頃、中内は自著『わが安売り哲学』で表明した「都心から三十キロ、五十キロ圏を今後における人口の増加地帯とみて、その地域の消費者が必要とするものをいつでも供給できる店舗をつくる。虹のように半円状で広げていく」〝レインボー作戦〟を展開中だった。そのためには交通至便な場所に広い土地が必要だ。そこへ飛び込んだ吉報にダイエーは74年10月、出店計画をまとめた。西武鉄道本社がある所沢を「地盤」と楽観していた西友は焦りからか、稀な行動に出た。

75年2月、ダイエーの建設予定地に未買収のまま残っていた小さな一画の土地と家屋を西友の取引先が買い取った。土地、建物は西友ストアの系列会社へ転売され、ついには木造2階建ての寮が完成。西友フーズの社員が住み込んでしまった。

地元商店街は、西友側へ土地売却を何度も申し入れたが、すべての要求は拒絶された。

かつては、中内の関東圏への進出と挑発を、軽く受け流すゆとりを見せていた西友トップの堤清二だが、70年に京都のスーパーと合弁会社「西友ストア関西」を設立し、ダイエーの地盤である関西への進出を本格化させるなど、両社の対抗意識は激しさを増していた。

だからだろう。ダイエー側も厳しく対応した。西友側が買収した土地、建物を囲む「コ」の字型に店舗設計を変えて建築に取り掛かった。当初の開店計画は遅れに遅れた。


熊本でトラブルのもとになった大店法とは、売り場面積1500平方メートル（政令都市は3000平方メートル）超のスーパーなどを新設する時に地元の判断を反映させる法律である。74年3月に施行され、新設者は地区を管轄する通産局へ営業時間、店の広さなどを届け、地元業者、消費者、学識経験者らの「商業活動調整協議会」（商調協）が出店可否を判断した。

熊本県でダイエーは、75年3月に申請してから開店まで、実に5年の歳月を要した。大店法施行前の71年から3年間、ダイエーの出店数は58店だが、法の施行後3年間は27店舗と半分以下となるなど数字上の影響がはっきり出た。

新規出店が難しくなれば、売り上げを伸ばす方法はただ一つ、地域内の限られた購買客をどうやって自店へ誘導するか、商品の品ぞろえや効率的な集客ツールがより重要になる。そう考えた中内に創業時の成功体験が鮮やかに蘇ったに違いない。

ダイエーは大阪と京都を結ぶ京阪電車の千林駅前に1957（昭和32）年9月23日に開店した「主婦の店　ダイエー薬局」が1号店だ。軒先に薬、化粧品を積み上げた約100平方メートル、従業員13人、資本金400万円の小さな店だった。両隣にも薬局があった。

近くの映画館では当時のトップスター佐田啓二、高峰秀子が主演する『喜びも悲しみも幾歳月』の封切りを10月1日午後に控えていた。中内は映画館無人の午前中を活用する秘策を思いつく。午前中のみ有効な招待券2000枚を作成、映画館へ5万円を支払い、上映前の『喜びも……』を開店した23日から3日間限定で上映してもらった（『ダイエーグループ35年の記録』）。

一度に100円以上の買物をした客に招待券をサービスして3日間で77万円を売り上げ、1日の採算ライン6万円を大きく上回った。しかし、両隣の薬局が安売りを開始して客足が遠のいた。共同経営者の実弟・力が友人と相談し、店の半分を改装して新たに調味料、菓子、缶詰、乾物などを置いた。入り口に客用のかごを用意し、セルフサービス方式に切り替えた。食品を買った客がついでに、と化粧品や薬を買い、「相乗効果で危機を脱出した」（『選択　中内力・自伝』）。

映画館とのタイアップ、さらに開店直後の改装と店内配置、品ぞろえ一新などの決断が、のちのダイエー躍進のきっかけとなった。中内は『わが安売り哲学』で競争のツボを次のように書いた。

「戦場である一国の経済風土は、敵、味方双方にとって共通の条件だが、共通の条件のなかで、いかに戦略を立て、戦術を展開するかが勝敗を決する」

「各チェーンが店舗をふやせば、必ずどこかでぶつかる。その激しい競争のなかで、各チェーンは自店の客を、商品を創造していく。同じ需要を奪い合うのではない。それぞれの工夫で、それぞれの市場を創造していくのだ」

「共通の条件」を「並んだ3軒の薬局」、「戦略・戦術」を「映画館とのタイアップ」、「市場と工夫の創造」を「店内の模様替えと品ぞろえ」の〝体験談〟と解釈すれば分かりやすい。

新規出店を難しくした大店法は「一流より一番」「2位以下は死」と唱え、新規出店で売り上げをしゃにむに伸ばし続けた中内が、なんとしても乗り越えなければならない巨大な壁だった。

さらなる困難が避けられないと見た中内は、創業当時の成功体験をもとに、阪神甲子園球場50万席の指定席獲得を計画したのだろう。

西武ライオンズ、所沢に誕生

西武鉄道グループの国土計画が、クラウンライター・ライオンズを買収、西武ライオンズとして所沢へ移転すると電撃発表した1978（昭和53）年10月12日は、まさに西友ストアの抵抗でダイエー所沢店の出店が停滞していた最中だった。

ライオンズの新オーナー堤義明は、ダイエーの所沢進出阻止に力を注ぐ堤清二の異腹の弟である。2人は微妙な関係を保つが、ライオンズを両者共通の集客手段として協力した。

球団のシンボルは、手塚治虫の『ジャングル大帝』が描く、密林の白いライオン、レオだった。レオのマークがついた野球帽、メガホン、Tシャツ、色紙、筆箱など無数のグッズは、一説には500種類も生産された。なかでも、野球帽は他球団と比べ群を抜く新鮮さがあり、たちまち少年、少女を引きつけて強力な集客ツールとなった。

西友、西武百貨店、西武球場、ゴルフ場、スキー場のレオコーナーには、少年少女が歓声をあげて群がり、その後方には家族がいた。グループの観光バスの車体は白地に青、赤、緑のラインと「レオ」が描かれ、観光客は「レオ」をバックに写真を撮った。

西武ライオンズはプロ参入1年目の79年は最下位。2、3年目も4位と低迷したが、入場人員は137万、152万、158万人と3年連続でパ・リーグの入場記録を塗りかえた。

グッズ売り上げも正比例した。西武グループ全体でのグッズ売り上げは、同じ3年間で31億円、25億円、30億円を記録、人気ナンバーワンの野球帽は、3年間で実に207万個（『決定版　西武のすべて』）を売り上げ、全国区の人気商品に躍り出た。

少年少女に引き込まれて西友ストアのレオコーナーを訪れた親兄弟が、グッズ以外のものを買い求めた。球団グッズが第2、第3の購買を誘発し、凄まじい相乗効果が生まれた。

最大のライバルである西友グループとルーツが同じ西武鉄道がプロ野球へ進出したことは、中内には相当な衝撃であったと推測できる。「人のものを欲しがる」と言われる中内が、西武ライオンズ誕生から2年後の80年に、本章冒頭で触れた通り、セ会長の鈴木龍二との帝国ホテルで会談したのも、中内の性癖と無縁であるまい。

「野球は西武、買い物はダイエー」

1981（昭和56）年11月26日、ダイエー所沢店はようやくオープンした。計画着手から7年、地上7階、地下1階の総面積1万4000平方メートルの巨大なビルは、中央敷地にある木造2階建ての西友の寮を「コの字型」に取り囲んでそびえていた。

所沢店開店にダイエーが使った販促活動費は「7000万から8000万とダイエーの最高

額」(「日経流通新聞」11月26日)だった。ただならぬ西友、ダイエーの動きに地元警察、県、市は対策協議会を設置して万一に備えた。

高額の販売促進費も、異例の地元警察の動きもすべてはダイエー、西友ストアの激しい対抗意識が招いたものだった。

大下英治の『中内㓛のダイエー王国』は両社のバトルを次のように活写した。

「西武新宿線、西武池袋線、それに西武バス、タクシーと交通網を独占している西武側は、ダイエー所沢店オープンを知らせる広告を拒否した」

「ダイエーも負けてはいなかった」

「若いモデルや女子学生を三人一組で西武電車内を歩かせたのであった。彼女たちの背中にはダイエーカラーのオレンジ色のマークと、文字がプリントされている。〝動くチラシ〟を狙ったわけである」

所沢店オープンを前に、中内と堤義明が隔週発行の雑誌『経済界』の〝異色対談〟シリーズで語り合っている。「頭のいいヤツはいらん　体力さえあればいい……」と、個性的な2人の対談にふさわしい刺激的なサブタイトルがついていた。

冒頭中内は「どうも悪名ばかり高くて……。今度、所沢に出店することになりまして」と低姿勢で挨拶した。すぐに義明が応じた。

「私ども(にとって)は有力な店が沿線に出てくることは大変けっこうですよ。レオというのは所沢で大変人気がありますから、お店の一角にコーナーでも設けたらお手伝いしますよ」

球団グッズの販売権は球団にある。球団の許可がなければ、グッズを取り扱うことはできない。

そのグッズ販売を西武球団オーナーが直接許可したため、中内はさっそく所沢店1階にレオコーナーを設置した。堤清二率いる西友は、ダイエーと流通戦争を展開中だが、義明はレオグッズを含めダイエーの来店客が増えれば、西武鉄道自体の乗客が増えることも考えた決断だろう。

開店セレモニーが前日の25日、7階書籍売り場で行われた。ほかの売り場は開業まで企業秘密として公開しなかった。西武からは堤義明がお祝いに駆け付け、西友ストアは常務が代理出席した。

大下の前掲書に、この日の中内の挨拶が書かれている。

「若干売り場面積が足りない感じもしますが（爆笑）、いやこんな面積いただけて幸せです……」

「所沢店にライオンズ・コーナーも作ったし、地元にとけこんでいきたいですね」

「所沢出店が難しかったのは事実だが出店した以上は、今後所沢を八十万、百万商圏の中心的存在にしていきたい」

「野球は西武、買い物はダイエーです」

そして開店当日、中内は西武ライオンズの野球帽とジャンパー姿で来店客を出迎えた。

「ボールが止まって見える」

西武ライオンズが所沢へ進出した78年以来、野球への関心を示す中内の発言が増えた。代表的なものは「ボールが止まって見える」と語ったひと言だ。

中内の発言を聞いたのは、前述した文箭安雄と『カリスマ　中内㓛とダイエーの「戦後」』の著者、佐野眞一だ。佐野は時期を「79年春ごろ」と著書に特定している。

「ボールが止まって見えた」は、大打者・川上哲治が現役時代の1950（昭和25）年夏ころに打撃開眼を感じて発した言葉だ。

「不振が続き、真夏の多摩川で打ち込んだ時にボールが急に大きく見えて止まった。錯覚ですよ。脱力状態でライナーが飛び続けた不思議な感触に、やっと探した道を見つけた気がした」

「ボールが止まると変化球とか速球とか、ボールの軌道は関係ない。そこにあるボールにバットをポンと出せば当たった」

川上の〝神秘体験〟と同じ言葉を、中内がなぜ語ったのか。

79年は「熊本、所沢の出店計画停滞」、「売上1兆円が視野」など明暗交錯した時期だけに発言の真意は微妙だ。出店停滞を「ボールが止まった」と例えたのか。元ダイエー幹部、親交ある経済人などに解釈を求めた。彼らはすべて積極的な解釈だった。

「中内は超がつく積極的な人間だ。弱音を親しい経済人やマスコミに語るはずがない」

「売上1兆円が迫っていた時期だ。仕事も打撃開眼と同じくツボにはまった意味だろう」

「止まったボールは当たる。すべての企画が順調に的中した満足感の表れだ」

出店計画の凍結を、ボールが止まったと例えた可能性はないか――。両様に解釈できる疑問に同調した側近は皆無だった。

1980（昭和55）年2月16日、ダイエーの79事業年度（79年3月～80年2月）売り上げが小売業として初の年間1兆円を突破した。

これより前の、79年秋ころから、中内は複数のマスコミに4兆円構想を公表、年が明けて「肉を切らせて骨を断つ戦いに入る。4年後は4兆円を目指す」と、幹部社員に宣言した。内訳はスーパー部門を倍の2兆円、ダイエー関連会社の売り上げ5000億円を1兆2000億円へ、新規事業で8000億円という途方もない数字だった。

中内は時間をかけて熟慮した構想と強調したが、大型店舗の新増設がますます困難となる中で、売り上げを伸ばす新事業をどう開拓するか。壮大な構想には多くの難問、疑問があった。

中内がたどり着いた新規事業の1つは、西武ライオンズにならったプロ野球への参入だった。8000億円計画の中では微々たるものというより、弱小球団は年商20億円に遠く及ばず、球団運営費さえ賄えず、赤字に苦しんでいた。それでも球団名は常に紙面を飾り、テレビ、ラジオを通じて幅広く国民に浸透している。中内は年商だけでは計れない膨大な波及効果を睨んでいた。

女性が集う場所に男は集まる

野球への関心を深めた中内から「野球場と人集め」の関連を問われた人物がいた。

「彼」

「イサオさん」

「CEO」

中内㓛の二男・正は父親のことをこう呼ぶ。

正は1982（昭和57）年に青山学院大を卒業し、南カリフォルニア大へ留学した。アメリカで就職するつもりだった正を日本へ連れ戻したのが「彼」だった。

「お前は米国へ留学し、少しは英語が喋れるようになって国際人のつもりだろうが、それはとんでもない思い違いだ。日本のビジネスは何も知らない。まず、日本でビジネスをしっかり勉強しろ。そうしたらアメリカでの就職も認めよう」

「彼」は正にこう約束した。

「約束を信じ、とりあえずダイエーへ入ることにした」正は、84年夏、しぶしぶ帰国した。月給5万円。25歳の見習社員だった。正がまだ大学生だったある日のこと、自宅の廊下ですれ違った「彼」が、ぼそぼそと話しかけてきた。

「おい、正。牛丼の吉野家と野球、どっちが若い娘《こ》は入りやすいやろか」

正の回想である。

「はぁ？　という感じでした。なんと馬鹿なこと聞くんやろうと、返答に詰まったことを覚えていますね」

牛丼店は男性同士が圧倒的多数だし、野球も男性客が多い、と答えると「彼」はまた聞いた。

「牛丼はおいしいか？　安いか？」

おいしくて安い。正が答えると、

「そうか、おいしくて安いのなら、若い娘集めるにはどうするのや。男ばかりの球場は、若い娘集めるためになんか考えんのか」

そして、独特の「人集めの哲学」を語った。

「人を集めるのはまず女性からだ。女性が集う場所には男も集まる。しかし、逆はない」

正の話からも分かるように、中内は人を集めるあらゆる手段、媒体を常に求めていた。

こんな問答から数年後、名門・南海ホークス買収が確実になると中内は、宝塚歌劇を象徴する言葉を引用して「『清く正しく美しい』球団を目指す」と語った。

事業拡大のため「肉を切らせて骨を断つ」と語った中内とは思えない発言だが、男性客が圧倒的に多い球場へ少しでも多くの子供連れの女性客を集めたい中内の願望が素直に出た言葉だ。

中内の考えは、最初のホームグラウンド平和台球場で第一歩を踏み出した。球団初代営業部長の中谷正紀が女性や子供を集めるために、まず考えたのは「球場の安全と清潔」である。

在福球団が去って10年、平和台球場の施設も観客のマナーも荒れていた。たまに開催されるプロ野球でひいきチームが劣勢になると、たちまち瓶やカンがグラウンドへ投げ込まれた。そのため、警備員を大増員し、観客席へ向かって最前列にかがませた。不法行為を監視するためだ。瓶類の持ち込みを禁止し、入り口で紙コップに代えてもらった。

スタンドの最後部に数えるほどしかなかったごみ箱を数倍に増やし、各通路にすべて数個ずつ配置した。女性トイレの設備を新しく替え、室内を明るい色に塗り替えた。

子供のため、ダイエーの帽子を毎試合3000個無料配布した。球場前には各球団の旗、タオル、メガホンなどのグッズをダイエーグッズと取り換える場所を作った。これは各球団のファンをダイエーへ〝ゴボウ抜き〟する作戦だ。

中内㓛は時として入り口で少年たちの頭をなでながら、ダイエーの帽子を配った。

「西武戦ではレオの帽子をかぶった少年が圧倒的に多く、子供たちはダイエーの帽子をかぶらない。連れてきた親たちが申し訳なさそうに子供用の小さなダイエーの帽子をちょこんとかぶっていた。いつかダイエーの帽子でスタンドを埋めてやる。そんなことを考えましたね」

これはのちに福岡ドームの経営を任される正の話だ。

巨大ドーム球場の完成が迫ると中内はよく正を詰問した。野球場はダイエーの公式戦が年間に多くて65試合開催される。ほかにオールスター、日米野球、日本選手権が開催されることもあるがすべては不定期だ。

「野球がない、あとの300日はどうするのや」

中内は、福岡でも東京並みに様々なイベントでドーム球場を満員にすることを夢見ていた。

売り上げ減でも衰えぬ野球への執念

中内正の帰国から、福岡ドームまで少し先を急ぎ過ぎた。この間のダイエーのどん底時代も簡単に触れておく。

驚くべき速さで売り上げ1兆円を達成したダイエーは、83年2月期（82年3月―83年2月）から3期連続、連結決算で65億円→119億円→88億円の赤字が続いた。

本業の黒字を帳消しにする赤字を出した企業の頭文字から「PCB公害」と揶揄された。Pは「プランタン」で女性洋品に特化したデパート、Cの「クラウン」は家電メーカー、Bの「ビッグ・エー」は郊外のドライ食品ディスカウント店である。すべて中内が主導した。

中内から会社再建を託された副社長の河島博（元日本楽器社長）は従来の「売り上げ」至上主義を「利益」へ転換させるため、大卒1期生の鈴木達郎ら若手幹部、入社4年目の中内潤を加え、「改革会議」を83年3月にスタートさせた。

河島はデータをもとに計画の可否を即決した。83年度、河島は取り組む重要目標を「3・4・5作戦」「PCBの処理」など4点に絞った。「3・4・5」は「在庫3割」「ロス4割」「値引き品5割」減の数値目標だった。

地域の店舗から本部への提案をふやすため河島は「地域分権の強化」も加えた。上の権限が強ければ、下からの提言は少なくなる。中内が君臨したダイエーがその典型で、各地域、店舗の商品の仕入れもすべて本部の指示待ちだった。

この悪弊にいち早く気付いた鈴木達郎は、本部と地方の気持ちを1つにするため、82年1月大阪女子マラソンを協賛、続いて11月には女子バレーチーム「オレンジアタッカーズ」を創設した。マラソンはテレビ中継された。沿道が人で埋まり、レースは盛り上がった。社員は沿道の家々や会社、商店にダイエーの小旗を配り、応援を頼んだ。予想以上の連帯感が生まれたと実感した鈴木は陸上部も83年に創設した。

84年12月2日、無名の長距離走者の中山竹通が福岡国際マラソンで世界のトップレベルのイカンガー（タンザニア）、ハイルマン（東独）らを相手に力走、2時間10分ジャスト、当時の国内5位の記録を出して初優勝した。

V字型回復を河島にゆだね、店舗の販売力強化に走り回る中内は、中山の優勝で人集めのチャンス到来と、九州の各店舗で「中山優勝セール」を大々的に開催した。陸連が「アマスポーツを勘違いしては困る」と厳重警告、セールはわずか2日で中止した。アマスポーツが急速に商業化するのは少し先のことで、当時は競技で得た名声を商売に利用することは厳禁されていた。

だからなのか。鈴木は83年ころからプロ野球に乗り出すべきか、真剣に考え始めた。

「人事の発想として、一体感が生まれるバレーとマラソンを作った。プロ野球も面白いと思ったが、どれだけカネがかかるか。あまりカネを食い過ぎてうまくいかなかったら……」

正面から中内に「ノー」と言える強気の鈴木も、会社の体質改善中という、時がときだけに、財務に資する確証がない球界進出は言い出せなかった。

随行秘書の恩地祥光は赤字決算が続く3年間のどん底時代を含む4年間が、中内へ仕えた時期だ。中内はめげたことや、弱音を吐いたことは一度もなかった。毎晩のように商談を続けた中内は、帰りの車中で恩地に独白した。

「今、日本の国民的なスポーツと言えば野球だ」

「いつの日か、野球に取り組みたい」

静まった車内で中内がポツリと漏らす一言だから、なお忘れ難い重みがあった。中内が逆境の中でも、集客力抜群のプロ野球への意欲を燃やし続けていた何よりの証明が恩地のこの記憶だ。甲子園50万席の確保が夢に終わって10年以上、セ・リーグ会長の鈴木龍二と直接掛け合いながら、球団買収を断念してから5年以上が経過していた。凄まじい執念だ。

鈴木啓示と中内の投手論

河島のV革路線でダイエーは86年2月期決算（85年3月—86年2月）で、黒字11億円を計上、トンネルを抜けた。全社の指揮官へ復帰した中内は元近鉄の大エース・鈴木啓示と玄人はだしの投手論を展開し、野球と小売りの共通点を語りあった。

2人の対談は『経済界』（85年11月26日号）に「『挑戦者の真髄とは何か』流通業界の第一人者と〝草魂〟の三百勝投手が語る仕事師の条件」と題して掲載された。

鈴木は野球選手にしては珍しいほどに弁が立つ。初対面の中内にも物おじしない。

鈴木はこの年7月、限界を感じて引退した。登板前の不安を紛らわすため「練習している、動いている時が一番心が安らぐんです」と語り、中内に不安を抱くことはないか、と聞いた。

「そうそう。明日からお客さんが全然来ないかもわからん。お客さんが来るという保証は何もあらへんわけやからね。そうした不安、恐さがあるからこそ人間は成長するんや」

と中内が応じ、対談が回り始めた。

「ワシ野球を見ていて、変だと思うことがあるんよ。いい球、悪い球と言うやろ。あれは誰が決めるんやろう。スピードは客観的に測れるよ。でも、あれはいい球とはよう言えん。ピッチャーだってボール散らした方が成績良くなるでしょう」

通算317勝の鈴木は、逃げない投手だった。反面、その逃げない投球が無四球試合78、被本塁打560という、明暗二筋の日本最多記録も招いている。

「コントロールがよすぎて成績が悪くなることもありますよ」

鈴木の答えに中内の投手論は熱を帯びた。

「ストライクゾーンに球が集まるのがいいピッチャーと言うのはウソや。自分がストライクを投げたい時にはストライクを、ボールを投げたい時にはキチッとボールを投げられる。それができることがコントロールがあるということで、いつもストライクばかり投げるんならそれはピッチングマシンみたいなものやで」

投球術を語ることで、中内は社員教育も進めていた。

「商売でもストライクゾーンの様に、買ってくれ、買ってくれとお客さんに押し付けたら買わへんわ。何かにだまされると違うか、いうことでね。だからお客に対してストライクもボールもありますよと示してお客さんに選んでもらうようにする」

ストライクだけ投げるのはマシンと同じ、意識してボールを投げる……次々に飛び出す中内の〝投手論〟は単なる〝野球好き〟では言えない深い内容がある。

鈴木も刺激的発言を続けて応じた。

「自分の負けを素直に認めるようになったら勝負する資格はないですわ」

「『人は大きく、気は長く、心は丸く』というけど、僕は気が長かったらいかんと思うんです。怒り、闘争心が薄れそれだけ進歩が遅い気がする。むしろ〝瞬間湯沸かし器〟でいいと思う」

中内好みの闘争本能に満ちた発言に、中内も刺激を受けたことだろう。

1985年、阪神初の日本一

85年、球団創立50周年を迎えた阪神タイガースを、8年ぶりに監督復帰した吉田義男が「3F野球」を掲げて引っ張った。「フレッシュ・マインド」「ファイティング・スピリット」「フォア・ザ・チーム」である。阪神は生まれ変わったような快進撃をみせ、セ・リーグで21年ぶりに優勝、日本選手権で西武を撃破し、予想もされなかった日本一に輝いた。

阪神は巨人に次ぐ古い歴史があり、戦前、戦後復興期に巨人と激しく優勝を競った。しかし両リーグに分裂した50（昭和25）年以降は2回、セ・リーグで優勝しながら南海と東映に敗れてセの6球団中で唯一、日本一に無縁の球団だった。

吉田は優勝への始まりは「清水の舞台から飛び降りた、阪神にとって転機の試合」として開幕4試合目の巨人戦をあげた。

4月16日の初戦は阪神が大勝。2戦目、阪神は2点差を追う7回裏二死一、二塁からバースがバックスクリーンへ逆転弾、掛布雅之はバックスクリーンやや左へ連続本塁打、地鳴りのような歓声の中で岡田彰布がバースと同じ場所へ打ち込んだ。そう、阪神ファンでなくても、鮮明に記憶しているであろう、伝説の〝バックスクリーン3連発〟である。6―3。阪神が大逆転した。

巨人は阪神のリリーフ福間納に9回無死からクロマティ、原辰徳が連続本塁打し1点差。

「劇的な3連発が出て絶対に勝たなあかん試合でっせ。締めくくりの山本和行は調子が悪くて使えない。それで福間にかけたがやられた。ボクは正直困った」

「イチかバチか。リリーフの経験が全くない中西清起に任せた。中西は投げないと分からん不安定戦力でしたな。それでも練習を手抜きしない。打者に向かう気迫がある。そこにかけました。中西もそうでしょうが、私も清水の舞台から飛び降りた心境です。一蓮托生ですわ」

中西は中畑清、吉村禎章、駒田徳広を18球で片づけて初セーブをあげた。

3戦目。1点を追う阪神は6回裏真弓明信が逆転3ラン、8回もバース、岡田の本塁打が飛び出し、11―4で圧勝した。中西は8回から前日を上回る投球を見せて、新ストッパーが生まれた。

巨人は5月1日から後楽園で阪神に3連勝、対戦成績を五分に戻し、18日から再び後楽園に阪神を迎えた。

初戦は阪神先勝、第2戦は8回、巨人クロマティの同点二塁打から両軍の執念がぶつかった。巨人は9回から左腕の角三男、10回は鹿取義隆。阪神も9回裏、中西から左の山本和行とお互いに左右のストッパーを総動員した。

10回表、阪神が一死から安打、死球と続いたところで、規定の試合時間が過ぎた。打者は抑えの山本。代打を送れば得点の可能性が出るが、10回裏の守りが懸念される。

吉田はあくまで勝利にこだわり、送った代打は凡退し阪神0点。抑えを使い切った阪神は、その裏中継ぎ役の福間が登板、二死一塁から原にレフト上段へサヨナラ2ランを打たれて敗れた。

その夜、吉田はホテルの自室へ福間を呼んで、直接、こう指示した。

「いいか、福間。明日、同じ場面が来たらまた行くぞ」

「やられても、負けを引きずらせないためには、出来るだけ早くやり返す機会を与える。これでやり返せないと、ずっと負い目をかかえる」――これが、吉田の勝負哲学だった。

第3戦、5点差をつけられた阪神は7回表二死満塁から代打の佐野仙好が槙原寛己の初球カーブを左翼中段へ満塁本塁打した。次打者にも四球を与え、槙原KO、リリーフ定岡正二の2球目を真弓がレフトへ2ラン、阪神が6―5と大逆転した。

7回裏、巨人は1番からの打順に、吉田は迷わずに福間を起用した。一塁側巨人ファンは大歓声。逆に、黄色く染まった三塁側からはどよめきが起きた。福間は二死一塁で原を迎えた。前夜と全く同じ場面に、吉田は勢いよくマウンドへ向かった。交代必至の場面だ。福間を囲む内野陣の輪が出来た。吉田が全員に聞こえるように叫んだ。

「福間！　チャンスやで。昨日の仕返しに、原をしっかり抑えて帰ってこい！」

福間の背中をポンと叩いた吉田は、駆け足で引き上げた。

2―2から福間渾身の内角速球に原ライトフライ。福間が胸を張ってベンチへ戻った。8回は中西から山本へリレー、阪神が9回に1点追加して7―5で逃げ切った。

「あの時は確かに球場がどよめきましたな。雰囲気が異様やった。一蓮托生のモットー通りに、私は福間にかけた。同時に、私と球団の運命も、彼に託した大きな勝負でした」

時間切れ引き分けが狙えた第2戦は、切り札2枚を使い切ってサヨナラ負けした吉田野球を朝日新聞が「吉田監督の敢闘精神に敬服」と称えた。

第3戦で満塁本塁打した佐野は巨人戦2試合で内野ゴロ4、三振2。開幕以来、初めて先発を外された。スタメン落ちの佐野と、サヨナラ負けの張本人福間にリベンジさせた第3戦を含め、阪神の「挑戦」「全員」野球は日ごとに輪郭が鮮明になり、その年の優勝へとつながった。


阪神劣勢を伝えられた日本選手権は西武を4勝2敗で下して初の日本一に輝いた。

選手権でも吉田の全員野球、リベンジ野球はさえ渡った。

両軍タイの第5戦、2点リードした阪神は4回無死一、二塁の大ピンチで福間を救援に送ると西武は代打西岡良洋を送った。西岡は前日、福間から決勝本塁打した打者だ。吉田は動かなかった。西岡ショートゴロで併殺。シーズン中に原にリベンジさせた経験が生きた。

選手権初戦を完封した池田親興は、10月の公式戦で救援、KOされたが吉田は選手権を見据えてあえて翌日も池田を先発させると完封した。先見性に富んだ采配が選手権でまた実った。


12月27日夕、大阪市東区の料亭「吉兆」で、関西財界人による阪神優勝祝賀会が開かれた。阪神からは吉田のほか、岡田と木戸が出席。財界人の出席者は、吉兆が作成した背中に「チャンピオン」と染め抜いた、揃いの半纏で出迎えた。

吉田の友人で発起人の文箭安雄が呼びかけたのは、住友銀行・磯田一郎、大和銀行・安部川澄夫両頭取、日商岩井・速水優、倉敷紡績・田中敦、住友電工・川上哲郎、ダイエー・中内㓛、積水ハウス・田鍋健、大和ハウス工業・石橋殺一《しゅんいち》、芦森工業・芦森茂夫、毎日放送・斎藤守慶、稲畑産業・稲畑勝雄の各社長。奥村組会長・奥村武正と、京都大学教授・高坂正堯がいた。

暮れも押し迫った時期のため、一度は日程錯綜を理由に断った速水も、ついに予定をすべてキャンセルして東京から駆けつけた。それぞれの財界人は、吉田の年間を通じた挑戦的な野球、失敗してもリベンジの機会を与え続けた手腕に、会社経営との共通点を見出していた。

「向こう傷を恐れるな」と行員を督励し、積極的な銀行経営を展開した磯田は福間を失敗後に投げさせて反骨心を引きだした手法や、実力未知の中西をストッパーに起用、池田に連投させた人材登用などの洞察力が、企業の組織運営にも通じると激賞した。

長年の友人である文箭は、挫折を生かしたと称えた。

「40代で監督の挫折を味わったが、50代に大輪を咲かせた。挫折した間に自費で大リーグを見て回り、業務、人生、それぞれの面を勉強してきた。トップがビジョンを明確に示して挑戦の先頭に立つ大切さを教えた」

吉田が「人生で一番幸せな1日でした。来年も精魂を込めて戦います」と挨拶、宴は終わった。最後の記念撮影（章扉参照）で阪神Vが入った帽子を被ったのは、祝賀会を主催した文箭のほかは中内1人だった。中内は何を考えて着帽したのだろう。文箭が言う。

「中内さんは熱狂的ではないが、熱心な阪神ファンや。喜んで会へ出席したが、この日は静かでしたな。ただ、あの人は欲しいと思ったものは、必ず手に入れる信念があった。球団は会社のPRになると考えていましたからね。あの日も関西財界のお歴々が集まり、外は報道陣とファンの山。静かに宴を眺めながら、改めて野球人気の凄さを考えていたのでしょう」

実際に球団オーナーに就任後、年をとって杖をついた中内のイラストに「必ず優勝」と書き添えた名刺を文箭へ渡している。いつの日か、福岡をはじめ全九州の財界人を集めて祝賀パーティーを開く願望を名刺に託した。

「この時、中内さんの心に火がついたことは間違いない。あれから、プロ野球があることがその都市の文化だ、と言うようになった。アメリカの大都市へよく行きましたから、メジャー球団と地元都市の関係を理解していました」

「球団を持つ発想は中内さんです。親しくしていた重光さんとの関係からロッテの話が浮上し、中内さんが一番信頼した鈴木さんへ（球団買収交渉を）下命した。鈴木さんは最初から（球団を持つならば）本拠地は福岡と考えていた。当初の球団はロッテ一本でした。福岡では、球団誘致の市民運動が起きて市民の間に誘致熱が高かった。すでに狼煙が高く上がっており、（スーパー本体の）商売から考えても、それ（市民の熱意）が非常に大きかった」

鵜木洋二の話だ。彼がダイエーが福岡市へ進出する構想があると福岡市へ最初に伝えた人物であることはすでに述べた。この後球界進出の〝密使〟として、中内は鵜木に大きなポストを与え、ダイエーの球界進出、そして激動の1988年が動き出すのである。

第3章　ロッテ、阪急、南海——水面下で進む駆け引き

特報する新聞とファンからの反対ビラ

ダイエーの買収先に南海浮上

1988年1月8日、日本経済新聞朝刊に、その後のプロ野球、とりわけパ・リーグに影響を及ぼす記事が小さく出た。

ダイエー人事（1月7日付）△ディベロッパー事業本部長・鈴木達郎（渉外担当兼総務企画室長）△神戸本店室長・鵜木洋二（社長顧問）

鈴木は事業本部長として新規事業の開拓を手掛ける権限を与えられた。当然、プロ球界進出は新規事業に含まれる。神戸本店室長となった鵜木自身が「プロ球界進出へ向けて自由に行動するための〝隠れ蓑〟が神戸本店室長です。本店室長としての実務はいっさいなかった」と語るように、この人事でダイエーの球界進出構想がいよいよ本格化するのである。

先に紹介した職歴から、福岡の政財官界に多くの友人、知人を持つ鵜木のもとには、福岡ＪＣを中心とした球団誘致の市民運動の大きなうねりが、さらに勢いを増すとの情報も寄せられていた。種々の条件から鈴木と鵜木は、新球団の本拠地は「福岡」が最適と判断した。福岡進出は市民に大歓迎され、スーパー本体の営業に資することも後押しした。この時点の目標新球団はもちろん、先に中内が交渉を命じたロッテである。

しかし、神戸商工会議所の副会頭でもあった中内は、新球団の本拠地を神戸、と考えていたフシがあった。ロッテを買収し、神戸移転が現実になれば、パ・リーグは関西に4球団という超過密状態となり、リーグ全体の営業不振がさらに拡大して球界へ参入するメリットさえなくなる。鈴木と鵜木は、早目に福岡移転の道筋をつけたいと考えていた。

様々な思惑を秘めながら動き始めた88年、鈴木が、「南海の営業資料作成」を瀬戸山隆三に命じた。「1月か2月、ともかく新春の早い時期」と瀬戸山は振り返った。

「先日のロッテの資料と南海球団を比較対照できる資料を作るように。南海も球団を手放す気があるらしい。取引先の銀行経由で社長が買収を打診されたらしいわ。これで2つになったな」

ロッテと南海の資料をそろえ、瀬戸山が鈴木とともに、中内に両球団の概要を説明した。

「南海には馴染みがある……」

資料には目を通さず、中内がつぶやいた。

それだけだった。あとは何も語らなかった。

本社機能を備えた東京・芝公園の「HOC」(浜松町オフィスセンター)で、鈴木が神戸本店室長、鵜木を瀬戸山に紹介し、

「神戸本店室長の鵜木君だ。言うことを聞いて、しっかり働くように」

と命じた。鵜木は「渉外が出来る九州出身者を探してくれ」と、元人事課員の瀬戸山へ注文した。数人をリストアップしたが、鵜木は「あれも駄目」「これも駄目」とすべてを断った。あげくに「君がやれ」のひとことで、瀬戸山は神戸本店への転勤を命じられた。

「中内さんの反応を聞いてしばらくした、春ころの神戸転勤ですから、買収先はロッテから南海へ変ったと思いました」

神戸本店が準備した住宅は、神戸港の埠頭近くのマンションだった。「4LDKか5LDKの広い部屋」で、鵜木もこのマンションの〝住人〟だった。鵜木は自宅が福岡にあり、むしろ大阪へ来た際に利用する程度の感じで、実際は福岡にいる時間の方がはるかに多かった。

瀬戸山は神戸本店主査（課長職）の名刺を持たされた。鵜木は「君のライン上の上司は副室長だが、私が直接仕事内容を指示する。そのつもりで」と言いながら、副室長を紹介した。

後日、瀬戸山は神戸本店で鈴木、鵜木立ち会いのもとで、南海球団社長の道本《どうもと》隆美を紹介された。道本は「南海電鉄専務」でもある。

「球団を実際に持つとなれば、野球場のほか練習場、二軍合宿所など、必要なものがたくさんある。それを私は道本さんに教えてもらいながら研究しました。球団の社長に大っぴらに会うわけにはいきませんから、仲介者が必要でした」

驚いたことに道本は、瀬戸山と同じ大学の準硬式野球部でともにプレーした先輩で、電鉄本社に勤務する社員名をあげて「私への直接連絡は避けてこの男を通すように」と瀬戸山に求めた。

瀬戸山が必要とする資料を先輩に頼むとすぐに届いた。中百舌鳥球場、合宿所、野球用具類の総数、確保すべき医者の数、球団の経営状況、ラジオ、テレビの放送料金、球場の看板広告料金、後援会組織、ファンクラブの運営など、多岐にわたる資料が瀬戸山へ渡った。

関係者が広がればその分だけ秘密は漏れる。

瀬戸山はマンションの管理人から「セトさんという人がいるはずだが……と訪ねてきた人だ」と、在阪のスポーツ紙の記者の名刺を渡された。春先のことだ。水面下のはずの動きが早くもどこかから漏れ始めたようだった。

古代遺跡発見と平和台球場移転構想

福岡市長の桑原敬一は88年の新春を高揚感につつまれて迎えた。福岡市の将来構想として、「福岡JCの球団誘致運動」「ダイエーの平和台球場打診」「平和台から歴史的遺構大発見」を3本の矢とした都市作り案が、鮮やかに浮かび上がったからだ。

1月12日、桑原は年頭の記者会見で老朽化した平和台球場を、将来的に移転させると明言、移転先は「都市づくりの観点から総合的に検討する」考えを表明した。

球団誘致運動を進める福岡JC幹部もさっそく〝新球場〟を「野球以外のスポーツや国際見本市開催が出来るドーム式がいい。球団誘致に弾みが付く」(「西日本新聞」)と歓迎した。

実は前年の11月、ダイエーの鵜木が、福岡市助役の友池へ、平和台球場を将来的にプロ球団が使用できるか問い合わせた日を挟んで、世間を唖然とさせる事態が発生していた。

11月15日、市公園建設課は、2年後の「とびうめ国体」に備えて、平和台球場外野席の改修工事を始めた。埋め込んだ粗末な木製のベンチを撤去したあとに、コンクリート製の階段状スタンドを設置する工事で、工費は1億円。88年2月下旬の完成を見込んでいた。

球場の一帯は国指定史跡の「福岡城跡」で現状変更には文化財保護法上の許可が必要な場所だったが、公園建設課は「野球場内の改装であり、史跡の現状変更に該当しない」と判断して、着工した。

外野スタンドの土を、一律に24センチ削り込む作業が進んでいた12月17日、市教委は遅まきながら平和台の外野スタンドの違法工事に気付き中断させた。18日には、文化庁へ市長名で始末書を提出、同庁が「非常識な由々しき事態」と、市を厳重警告した。

25日から、市教委が掘り返された外野の史跡確認調査に入った。すると、バックスクリーンを中心とした外野スタンドから飛鳥から平安時代にかけての迎賓館「鴻臚館」跡と思われる遺構や、中国で紀元9年に鋳造された円形貨幣などが次々に発掘された。

九州歴史資料館館長の田村和圓は「平和台周辺と推定されていた鴻臚館の手がかりが初めて見つかった歴史的な大発見」と驚きを語り、日本の考古学会を巻き込む大きな話題になった。

桑原は、年末最後の記者会見で、鴻臚館問題を次のように語った。

「古代からの大陸との外交史を説明するうえで、大変貴重な遺跡だ。今後の都市作りを考えるうえでも重要な意味がある」

続いて新春会見で、鴻臚館跡地の徹底調査のため、老朽化した平和台球場は将来、「交通の便が良く「町の発展へ寄与」する場所へ移すと語った。野球場は広大な敷地が必要だ。桑原の願望を満たすには埋立地「シーサイドももち」が最適だった。ここは89年の「アジア太平洋博覧会」の会場だが、その後の利用計画は未定だった。

旧市長時代に、この地域を6000戸の大住宅地として造成し、数年かけて売却する案が有力視されていた。当時、助役だった桑原は「アジアの玄関口となる埋立地に、無機質な住宅がずらりと並んでいいのか」と反対を表明、市長就任後に再検討を命じていた。

ダイエーが球団を作るか、買収するかは別にして、鴻臚館跡が発見された平和台球場一帯を大規模に発掘し、福岡市の文化資産として保存する、平和台に代る新球場は作らねばならない、新球場は福岡JCの球場誘致運動の後押しになる――一石二鳥ならぬ一石三鳥案だ。

桑原の発言を受けて将来の福岡市の「基本計画」に、「シーサイドももち」を「文化・情報」「レクリエーション施設」「住宅」などに分割する方向が固まりつつあった。

「関西があるかも知らんぞ」

新春から平和台球場の移転、新球場建設など、景気の良い話題が続いた福岡では、福岡JCや球団誘致市民会議のメンバーが焦り出していた。ロッテ球団社長の松井が「しばらく返答延期」を表明した後は、なんの音沙汰もない日が続いていたからだ。

返答延期の理由が「ロッテワールド」建設というのも妙な話だ。建設現場は韓国である。着工前の手続きなどで、本社側が関与する余地はあるだろうが、すでに工事は始まっている。

「それが本当の理由か」

「単なる延期の口実では……」

疑念が時間とともに膨らんで来た。市議会議長の山崎広太郎が、JCの王寺と小田に「関西があるかも知らんぞ」と情報を伝えたのは3月ころだった。以降、山崎の口数はめっきり減った。山崎は独自のアンテナで、ダイエーのプロ球界進出計画をつかんでいたのだ。しかし、計画がロッテを狙ったものか、新球団結成なのかは分からなかった。

山崎が頼ったのは「福岡ショッパーズプラザ」など、ダイエーの大型店建設にたびたび関係した地元の大手企業、福岡地所社長、元日本青年会議所会頭の榎本一彦だった。榎本と山崎は同じ修猷館高校出身で山崎が先輩だった。榎本はダイエーの中内、鈴木とも親しくしていた。

山崎は福岡JCが誘致運動に立ち上がった理由、経過を詳しく榎本へ話し、福岡に10年ぶりにプロ球団誘致を待ち望むファンの期待に応えたいと力説した。球団を誘致する主体がダイエーでも、福岡JCでも、あるいは市民会議でも、それは野球ファンには関係がない。

「ただ、球団を福岡の地に招きたい。祈る気持ちだ」

と、熱く語った。

「慶大を卒業した私が福岡へ戻ったのは、ライオンズがあったからです。西鉄がなければ東京で就職していた。ライオンズは私を福岡と結びつける大きな存在だった」

榎本自身は44（昭和19）年生まれ。少年時代、西鉄ライオンズの大下弘とめぐり逢った。大下は子煩悩の天才打者。青バットから飛び出す打球は、高い放物線を描いてスタンドへ飛び込むため「虹のホームラン」と言われた。野球に夢中になって少年時代を過ごした榎本は、だからこそ、福岡や九州全土にいる野球ファンを思う、山崎の気持ちが良く分かった。

榎本はダイエーの鈴木や鵜木と会い、進捗状況を聞いた。

「早く決めて欲しい。福岡のファンがみんな待っている、と伝えました。鈴木さんは、ロッテがしたたかで話を引っ張り進まない、と。そして、南海はどうかと聞いてきました。南海は昔の西鉄の天敵だ。福岡が受け入れてくれるだろうか。鈴木さんはそんなことも心配していましたね」

榎本から、ダイエーがロッテより南海に傾いたと聞いた山崎は「あり得ん」と言ったまま絶句した。ダイエーの球団買収計画は、秘かにロッテから南海へ、重心を移していた。

榎本は、「鈴木さんは何度も南海電鉄社長の吉村茂夫さんと会ったようだ。鈴木さんは吉村さんってとてもいい人だと繰り返し、すっかり心酔している」とも付け加えた。

ロッテは、福岡の最終提案への回答を保留、ダイエーの買収要請にも簡単には応じなかった。

交渉の矢面に立つ球団社長の松井静郎は、福岡JCに前向きに返答はしたが悩んでいた。

川崎球場の劣化に悩むロッテは数年来、千葉県内で移転候補地を探したが、適地が見つからなかった。そこへ88年2月、千葉市が、新球場の建設に着工する。86年に千葉市が計画を発表して以来、この日を待ち望んでいたロッテはすぐに動いた。球団代表の松尾守人が千葉市長の松井旭と3月18日に面談し「ロッテの本拠地化」の可能性を探った。もちろん社長の松井が了解した行動だった。松尾は、

「あとで考えれば、この時点で松井さんは球団売却を止め、千葉移転を考えていたのでは」

と推測している。いずれにせよ、この球場使用が認められれば、数年来ロッテが抱えていた球場問題は、たちどころに解決する。福岡移転もダイエーへの売却も必要なくなる。

しかし、ダイエー中内が、重光同意のもと、ロッテ球団買収を検討しており、両社の担当者は円満に問題を処理する必要があった。福岡JCによる誘致活動、着工間近の千葉市営野球場、そしてダイエー……3通りの険しい道が、ロッテ球団の前にあった。

中内と福岡市長の極秘会談

福岡市長の桑原は、88年5月6日に中内と神戸・オリエンタルホテルで会談している。会談実現のキーマンが、福岡市助役の友池一寛とダイエーの鈴木、鵜木である。

「2人は戦争体験を語り合うなど、話がよくあい、和やかに進んだ」

会談に同席した友池と鵜木は、同じ印象を持った。

中内が、フィリピン戦場の飢餓の中を生き延びた体験はよく知られるが、桑原も１９４３（昭和18）年に学徒出陣し、中国で捕虜生活を送った。お互いの戦争体験から始まった会談は、次から次へとアジアに向けて変わる福岡の姿を、桑原が説明して盛り上がった。

89年に市政１００周年を迎える福岡市は一大イベント「アジア太平洋博覧会」を〝よかトピア〟と名付けて地域色を強く打ち出した。「よか」は、〝良い〟を意味する九州の方言と、〝余暇〟を合わせ、「新しい世界との出会い」「九州は一つ」を掲げていた。

福岡の姉妹都市である中国・広州、米・オークランド、仏・ボルドー各市のほか、アジア各国の参加も要請ずみだった。博覧会を開く埋立地「シーサイドももち」のその後の利用計画も、博物館、図書館などの文化施設、スポーツ、レクリエーション施設が調和した21世紀型の都市とする基本計画が３月30日に決定したばかりだった。桑原は未来の都市政策を中内に語りかけた。

「福岡は今アジアの拠点、玄関口として都市づくりを進めています。昔は神戸が日本の玄関でした。これからはアジアの時代、その玄関は福岡です」

「プロ野球が去って10年、今福岡は、球団誘致の市民運動とよかトピアで熱気にあふれています。アジアの時代です。福岡をバネに、東京の一極集中を地方の時代へ変えたい」

「アジアとの交流を証明する迎賓館の遺構が発見された平和台球場の一帯を保存して、新球場を作る構想を記者会見で発表しました。アジア博後の埋め立て地に、アジアの玄関にふさわしい新球場建設を望む声があります。私の後ろには、新球団誘致を目指す50万人の署名もある」

中内は、人の話が参考になると思うと、会食中でもコースターやナプキンに必ずメモを取る。

桑原の話が琴線に触れたのだろう。中内はメモを取り続けた。

極秘会談の存在は、11年後の99年9月1日から始まった毎日新聞福岡版の連載企画「『和而不同』桑原敬一氏・聞き書き」（141回）によって、初めて明らかにされた。

執筆者は当時の市政担当記者、市村一夫である。98年暮れに12年間の長期政権を終えた桑原に、自由闊達に市政を語らせ、国から注目された福岡の都市づくりを検証する厚みがある企画だった。市村の精力的な取材に応じた桑原は、あけすけに語った。

「ダイエーは福岡の地場産業であるユニードを吸収しており、市民に不信感がある。なにか野球みたいなお土産を持って来たら張り合いがある」

「内々にダイエーと接触した段階で『幸いというか、平和台がなくなる。ももちの土地を安く分け、ここにドーム球場を作って欲しい』と、伝えていた」

「（中内は）神戸だけが自分の世界ではない。よそに出ていきたいと言って今後のことは鈴木と鵜木に任せると言った。これで福岡進出が事実上決まった」

神戸か福岡か――。2つあったダイエーの本拠地候補が、2人の会談で福岡へ絞られた。

桑原にここまで語らせたのは市村だけだ。

「市長はやんちゃ坊主がそのまま大人になったような人でした。桑原さんでなければ、今の活気ある福岡市は実現できなかったでしょう。ワンマンでも反対意見を述べる部下を大事にした」

市村は取材後も20年間、保管していた貴重なメモを見ながら語った。

メモには、桑原や中内の発言の〝痕跡〟から、友池の〝声〟までが残っていた。友池の声によれば、桑原と中内の会談は、ダイエー、鈴木の「中内をぜひとも市長に一度、会わせたい」懇願を、鵜木が友池につないで実現したものだった。

「球団を（福岡に）持ってきてくれるなら行きましょうかと。最初の交渉相手のロッテは無理そうだった。このころは南海相手に、9割がた確かな段階にきていた」

「一連の事務レベルの折衝でいずれ平和台がなくなり、新球場は市で作るか、ダイエーで作るか。双方で検討しましょうと話をしていた」

友池が語った「このころ」は、5月6日のトップ会談より前のことで、ダイエーの南海買収が表面化するよりもずっと前の期間だ。福岡市とダイエーの事務レベル間では、すでに球場の施工をめぐる話し合いが水面下で進んでいたことになる。

桑原は友池に「野球問題を研究させる職員を選ぶように」命じた。球団進出を前提に、市が対応すべき問題を洗い出すためだった。友池は6月か7月ころ、と記憶している。

友池は、プロ野球の進出と新球場建設は、福岡市の都市政策上の最重要課題になると判断し、市の将来構想立案にかかわった政策通の鹿野至（総務局企画部主査）に大役を委ねた。ポストは作らず、担当業務を続けながら、球団進出後の問題と対策を練る極秘の特命だった。

鹿野が特命を受けたころ、ダイエーの瀬戸山も、神戸本店主査のまま、博多へ転居した。6月17日、ダイエーの鈴木、鵜木が友池に「可能ならば南海にしたい」と初めて明言した。新球場建設に備えて、瀬戸山と鹿野は西武球場、東京ドーム、広島の合宿所も視察した。

東京ドームではジャンボスタンドから日本ハムの試合を観た。豆粒のように見える選手の姿と急傾斜に「傾斜が緩やかなドーム新球場」建設を話し合った。広島の合宿所玄関に雑然と散らばるランニングシューズの大きさに、合宿所の靴置き場は「大きく、広く」と考えた。

88年7月下旬か、8月上旬の土曜日深夜——

「明日の正午から、市で緊急幹部会を開催する」電話を受けた、と鹿野は記憶している。がらんとした日曜日の市役所に市長の桑原、3人の助役のほか総務、財政、港湾、都市整備などの各局長が顔をそろえた。友池は、ダイエーがプロ野球へ進出する可能性を説明、鹿野を野球担当にして種々の研究をさせており、鹿野への協力を求めた。すかさず桑原が発言した。

「難問はあるだろうが、市としてプロ野球進出の応援をしたい。いや、福岡市民のためにもやらなきゃいかん。各局はそれぞれかかわりそうな法的問題をシビアな観点で洗い出してほしい。議会対策も必要だ。全員で力を出してもらう」

ダイエー・ロッテの破談

一方のロッテ球団社長、松井静郎と、ダイエー鈴木達郎の間で進んでいた球団譲渡交渉は、88年の梅雨を過ぎて最終段階に入った。

東京・西新宿のロッテ本社4階の役員会議室で、オーナー重光武雄が松井と、球団代表の松尾を集め、御前会議を開いた。前後に起きた事象から7月ころと推定される。

ダイエーへの譲渡金額はある程度はまとまり、この会議で譲渡が正式に決まるはずだった。金銭交渉は松井が一手に引き受け、松尾は野球協約上の球団譲渡の期限、選手の保有権、ロッテが球団を手離した時に予想される小売店の反応などを研究していた。

交渉が成立するまで、小売店に極秘を通すか、あるいは事前通告か。二通りの対応のリスクの比較、川崎市への通告時期、地元のロッテ応援団への説明、お別れ試合開催など、売却決定と同時に松尾が手掛ける案件は複雑で手がかかるものだった。

松尾は球団の数年来の決算書、野球協約、球団経営で気づいたことをメモした備忘録などを準備して会議に臨んだ。松井は手ぶらだった。

松井は松尾にも交渉経過を明かさなかったが、交渉が順調に進展していることをほのめかしていた。一連の重苦しい売却交渉が終われば、表立った活動が始まる。松尾の少しほっとした気持ちは、松井のひとことで打ち砕かれた。

「球団の方で昨年来進めてまいりました譲渡の件は、時期、金額とも詰められないままに今日に至りました。この種の案件は短期間に結論を出すべきです。いまだ成約を見ることが出来ず、当方より正式に断りたくご了承願います」

もともと球団譲渡は、ロッテワールドに作るスーパーの業務指導を中内から受けた重光が、中内の「球団を持ちたい」気持ちに「検討する」と応じた個人的関係が始まりではないか。「それを今になって……」松尾に不満の表情が浮かんだ。もの言いたげな松尾を、松井が遮った。

「球団の経営不振、成績不振の責任は代表たる君にある。そのことを棚に上げて球団譲渡を言い出すのは少し考えが甘くないか」

「とにかく球団さえしっかりしていれば良いのだ。冷静になってよく考えなさい」

松尾は松井のことを、冷静な上司として頼りにしていた。二人三脚で進めてきたはずの球団売却構想が相談もなく、突然取りやめになった。まるで梯子を外されたようなものだ。松井が止めなければ重光に食って掛かっていたかも知れない。

松井はさらに川崎球場からの移転計画も重光へ伝えた。

「以前から水面下で進めてきた本拠地を移す話を加速させます。それまでに可能な限り、赤字幅を縮小させ、球団がゴタゴタする悪い印象を与えないようフロントが総力をあげます」

重光は無言でうなずいた。

重光と松井の間で譲渡中止を決めたあと、会議のかたちで松尾に伝えたのだろう。ダイエーには松井が1人で出向いて断った。福岡JCの球団誘致、ダイエーへの球団売却を断り、ロッテが球団経営を続け、本拠地を将来移転させることが正式に決まった。

松尾は、8月上旬に開かれた、韓国ロッテワールドに付随したイベントへ、本社総務部長として出席。賓客の接遇に当たった。その際に、「懸案のダイエーへの球団譲渡にけりがつき、すっきりした気持ちで賓客と会話した、鮮明な記憶がある」という。

「よく考えると、松井さんの判断はさすがです。とっさの機転で私の暴発を防ぎ、立案したオーナーの顔を立てながら事態の収束をはかった」

松尾は今、そう考えている。

ロッテ交渉打ち切りの背景

中内と重光。ワンマン同士の話から始まった売買交渉は、結果がどうであろうが、互いの顔も立て喧嘩別れはできない。松井がなぜ、ダイエーを断る強硬手段に出たかは推測するしかない。

松井は、平和台移転を呼びかけた福岡JCの市民運動に「赤字が出た際の損失処理」、「都落ちや一本釣りされた印象を与えない」などを移転条件として厳しく折衝してきた。企業間のM&Aなどで、数々の修羅場を体験したダイエーの鈴木さえ、松井の交渉手腕を「したたか」とうなった。

86年から続いてきた市民球団誘致市民会議との移転交渉は、双方5割出資の新会社案を提示し、福岡側は6000席の年間指定席確保を約束した。投げ返すボールがありながら、ダイエーの要求を飲めば「金を目当てにして市民の善意を裏切った」と受け取られかねない。

しかし、福岡側の要望に応えれば中内の面目を潰す。これだけは避けたい。板挟みのうえに、どう転んでも、新球団の本拠地は福岡へ落ち着くだろう。本拠地移転を伴う新球団承認期限は10月の末日である。その手続きは9月中旬ころから秘密裡に進めなければならない。

厄介なことは、次回のバルセロナ五輪から正式競技となる野球をソウル五輪では公開競技として組み込んでいることだ。日本からは野茂英雄（新日鉄堺―近鉄）、潮崎哲也（松下電器―西武）、古田敦也（トヨタ自動車―ヤクルト）、野村謙二郎（駒大―広島）ら社会人、大学野球の精鋭が出場、米韓など8か国が参加して9月19日から開幕の予定だった。

その最中にロッテの福岡移転が明らかになれば、「都落ち」や「一本釣りされた」悪印象を与えるばかりか、日韓両国に根を張るロッテ全体のイメージダウンに直結しかねない。

進むか、退くか。悩み抜いた松井の前に好材料があった。

それは千葉市が公募した野球場の名称が「千葉マリンスタジアム」に決まり、松尾が市側と精力的な折衝を続けた結果、将来的に本拠地として使える感触が少しずつ高まってきたことだ。

もう一つは、ロッテは浦和工場に二軍用の球場、合宿所の建設を予定していた。千葉の本拠地化が実現すれば二軍施設と本拠地千葉が電車で結ばれる。おまけに、ロッテは前身の毎日、東京オリオンズ時代から東京を本拠とした球団で、福岡よりは千葉に馴染みが深い。

考えた抜いた松井が、福岡移転を伴う新球団より、時間はかかるが千葉市への本拠地移転を目指すことはリスク管理上は妥当なことだったのだろう。

一方のダイエー側はロッテ側から「断られた」認識がない。最初からこの問題にかかわった鵜木洋二は交渉を始めて「半年ほどで壁にぶつかった」という。

「ロッテ商品の仕入れ大量アップを求められたこともあり、社長と鈴木さん、そして私の間でこのまま進むか撤退か、何度も協議した。球団が、独立ビジネスたり得るか、という論争もした。『純粋な商談』の折り合いがつかない間に、スルスルと南海が出てきた。両球団と交渉が重なる時期があるが、二つを天秤にかけたわけではない。そう断言できる」

ダイエー側は、ロッテとの買収交渉の結果、自然消滅したという理解だ。

8月11日、福岡市内の九州電力の施設で秘かな会合が開かれた。出席者は福岡市から桑原、友池、ダイエーからは鈴木、鵜木のほか、九州財界の実力者永倉三郎、球団誘致に尽力してきた杉浦博夫（福岡銀行相談役）、山崎広太郎（福岡市議会議長）らである。

「ロッテとも交渉したが、最後に南海と口頭で合意した。平和台を本拠地にお願いしたい」

と、鈴木が経過を説明、「地元へ財政上の負担はかけない」約束をした。

「南海との交渉はロッテと違い（大量の商品仕入れなど）難しい条件がなかった。非常にすっきりしていましたね。また、取引銀行が積極的に推進したとも聞いています」

これがロッテ、南海とダイエーとの球団譲渡交渉に最初から最後までかかわった鵜木の総括である。では、南海に傾いたダイエーが積極的にロッテを断った形跡がないのはなぜなのか。

「ロッテがしびれを切らす日をダイエーが、じっと待っていたとしか思えないが……？」

そう聞いても鵜木は「そこはいわく言い難い」と笑って言うだけだった。

宮古島の雑談から派生した阪急身売り

ダイエーが福岡の関係先に「買収先を南海へ絞った」と説明した直後、沖縄・宮古島を視察したあるグループの雑談から88年のプロ野球界を揺るがすもう1つの激震が生まれようとしていた。

グループは三和銀行副頭取の山本信孝をトップに、オリエント・リース（以下、オリエント）、阪急電鉄、積水ハウス、在阪の建設業者など、各分野から異業種の若手の幹部が集まり、活発な情報交換をする場で、山本が「三縁会」と命名した。「三縁」は、「結縁」「随縁」「尊縁」を意味した。勉強会を通じて「結んだ」縁を「尊び」、互いが一心同体のように「随意」に行動し議論する思いが込められた。

「宮古島にゴルフ場を作るつもりです。自然に恵まれ、海の景色が素晴らしい。これからはリゾート地でのゴルフがますます盛んになる。みなさんの意見やアドバイスをぜひ聞きたい」

6月ころの「三縁会」で、中堅開発業者が抱負を語った。気心知れた仲間の集いだけに、ゴルフ場建設計画は、それぞれが思いを述べる活発な論戦の場になった。

宮古島まで、大阪や東京、九州からの直行便は飛んでいるか。年間の観光客数、ホテルの部屋数、ホテルからゴルフ場予定地までのアクセス、建設予算……次々に質問が出たが、開発業者は何ひとつ満足に答える材料を持ち合わせていなかった。

「何も調べてないのか。アドバイスするどころか、計画以前の夢物語にはつき合えない。あんたの趣味の領域、思い付きやないか」

「コースの設計者は誰に頼む？　本格的なゴルフ場か、それとも好スコアが出やすいコースを目指すのか。え！　それもまだ決めてないのか。やはりアドバイス以前の段階や」

和気あいあいの中で、そんなやり取りが続いた。

「人生でこれだけボロクソに言われたのは初めてや。そんなら取りあえず現場だけでも見てくれ。海岸は美しい青色だ。星の輝きが東京、大阪とはまるで違う。現場を見たらまた考えが変るはずや。この通りに、頼むから」——開発業者が頭を下げた。

そして、山本をトップにした宮古島視察団が勉強会を兼ねて、8月に現地を訪れた。

三和銀行からは事業開発部プロジェクト開発室長・清水美溥《よしてる》、オリエントからは近畿営業本部営業副部長・西名弘明が参加した。阪急電鉄からは「三縁会」のメンバーではない、都市開発部開発課長の古寺永治郎。仕事を通じて親しくしていた清水が「勉強になる」と誘い、たまたま時間が空いていた古寺が飛び入り参加したのだった。

一行は土曜日に現地着、1泊して予定地を視察し帰阪した。清水、西名、古寺の記憶によれば、8月のお盆休みが明けた土曜日だった。それなら8月20日のことになる。

宮古島では4月8日、全18ホールのティーグラウンドから海を眼下に見る、本格的なリンクスコースが開業した。

カネ余りを背景に内需拡大と地域振興を目指して、前年6月に施行された「総合保養地域整備法」(リゾート法)は、一定の条件を満たしてリゾート地域の指定を受ければ税法上の特例措置のほか、農地法、森林法、自然公園法などの規制も緩和された。

41道府県の42地域が認定されたが、全県が適用地域となった沖縄は、各種の地域開発計画が次々に打ち上げられていた。

宮古島のゴルフ場建設も時宜にかなうアイディアだったが、アクセス、宿泊施設など、勉強会メンバーの懸念した点は払拭されなかった。

一行は宮古島へ到着した日、ホテル近くで夕食をとりながら各企業が抱える当面の課題など、あたりさわりのない異業種間の雑談に興じた。まさか、この場の雑談から、1988年のプロ野球を驚かせる2度目の激震が起こるとは、誰も考えなかっただろう。

「情報をビジネス化せよ」三和銀の戦略

激震を語る前に「三縁会」を呼びかけた三和銀行の機構改革に触れておく。

80年代前半から進んだ規制緩和によって、資金集めがたやすくなった優良企業の銀行離れが年ごとに鮮明になった。日銀の調査では87年の企業の資金調達総量はおよそ10兆円増えたが、金融機関の融資額は前年比4兆4000億円減り16兆2000億円、逆に株式や社債などで前年より3兆8800億円も多い10兆3000億円を調達した。

大企業の銀行離れが続く中、三和銀行は88年2月1日付で資本市場、情報開発、総合金融開発を担当する3本部制を敷く機構改革へ踏み切った。

6月の頭取就任を前に、渡辺滉は、金融界に押しよせる金利や業務自由化へ対応するために取引先へサービスとして提供していた「情報」を「ビジネス化」することを決めていた。

渡辺は、主な取引先のトップからしばしば「業績が順調な今、将来の柱となる新規事業へ打って出たい」と相談を受けた。取引先へ的確な情報を伝えない限り、いずれは有効な選択肢を提示した他行にメインバンクの座を奪われる強い危機感を渡辺は抱いていた。

銀行はどう対応すべきか。頭取就任後、渡辺の持論は「私は〝情報のビジネス化〟で勝負する」（『WILL』1988年10月号）のタイトルをつけたインタビューで紹介された。

「金利の自由化は大変恐ろしいことで、銀行は大口定期とMMC（市場金利連動型預金）は増えていますが、規制金利の預金は純減です」

「情報を新々事業と位置づけてやりたい。情報のビジネス化ということです。従来は情報は『情報サービス』という感覚でとらえてきた。けれども情報が即ビジネス、つまり情報ビジネスと情報サービスは違う。これははっきりと認識してもらいたいんです」

「優良企業はだんだん無借金になっていく。唯一の砦と思っていた融資がなくなる。するとメインバンクはどこだということになる。だから、これからのメインバンクを決めるのは情報だと思います。その企業にとって一番役に立つ銀行がメインバンクです」

「私は情報の価値に感度が働かないといけないと思っています。この二月に組織改編を行って情報開発本部を作りました。この名前は都銀で初めてつけられた名前のようですが、実は情報でメインバンクが決まるという思いが込められています」

インタビューには、激しさを増す銀行間の競争を生き抜くために「情報」を重視する渡辺の思いがにじみ出ていた。

渡辺は情報開発本部内にはM&A業務のための事業開発部を新設し、部内に「プロジェクト事業開発室」をつくるなど力を入れた。仲介で取引先同士のM&Aが成立すれば、銀行は売買価格に応じて手数料を受け取るほか、買主への融資、売主からは預金獲得が期待でき、メインバンクの地位はより強固になる。これがM&Aの波及効果だ。

三和は都市銀行の中で最も早く、83年2月に国際金融部にM&A専門チームを誕生させた。「M&Aはいわゆる銀行員にはできない。銀行員だったらブレーキをかけるケースも一緒にやりましょうとなる。分析力にたけた頭のいい人ではなく、銀行員として逸脱するような人こそ大歓迎します」(『三和銀行　トップバンクに立つ日』)と、M&Aチーム発足当時に語った瀬上義晴は、新設事業開発部の副部長としてM&Aを指揮した。

プロジェクト開発室長に清水が就任した。年齢的に部長職は早いが、清水の情報収集能力、交渉力を高く評価した渡辺が部内に「室長」ポストを用意した。

清水は営業部時代に大手取引先の重要情報に接し、全店規模で対応する問題と判断、所属部を通り越して営業本部長の渡辺へ直訴した。渡辺が提言を受け入れて全支店を動員、苦境に陥った大手取引先を支援する大規模な対応をした結果、メインバンクも他行から三和へ変わった。

「大局観をもって全体を俯瞰する男」「いつの間にか重要な情報を入手して熟成させる。必要な局面で水際立った対応をたびたび見せた」と清水の〝情報感度〟を高く評価する渡辺は、情報ビジネス化の最前線へ清水を立たせたのである。

「社名浸透に球団でも買うか……」

　三縁会の夕食は、酒が入ってにぎやかになった。

「うちは来年から社名を変更する予定だ。でも、変更を告知するには結構、金がかかる。テレビや新聞のＣＭも必要だろうが、果たして短期間で浸透するかどうか……。いっそのことプロ野球の球団でも買おうか。そんな話まで出ている」

　オリエントの西名がぽつりと語った一言が激震の前触れだった。同社は１９６４（昭和39）年、三和銀行と日綿実業（現在の双日）が中心となって設立したリース専門の会社だ。設立時の社員はわずか13人。本社は大阪市北区のビルの一室に置いた。

　日綿の社長室に在籍した若手社員の宮内義彦を、リース事業の研究のために前年暮れに渡米させて会社創立につなげた。宮内は関西学院大を卒業後、米ワシントン大の経営学修士課程を修了後に日綿へ入社して３年目。将来の総合商社化や経営計画を研究していた。

　渡米した宮内はリース業の大手会社で、初歩から業務を学んだ。宮内の詳細な報告をもとにオリエント社が設立されて以来、宮内は同社とかかわってきた。

　国内では珍しかったリース業務は急成長し、70年４月、大証２部への上場、72年12月には本社を東京・浜松町の世界貿易センタービルへ移した。

　80年12月、45歳の若さで社長に就任した宮内は、多角化路線の先頭に立って組織を引っ張り、東京の証券会社、大証２部上場のインテリア会社、中堅の不動産会社などを86年から次々にＭ＆Ａで傘下に収めた。

当初の情報機器、産業機器のリースに加え、急成長中の流通業界の設備・備品、コンピューターやジャンボ機、さらに割賦販売、抵当証券、住宅ローンなどにも手を広げた。

海外を含め、関連会社は70社を超えた。事業の多角化によって本来の法人相手の「リース業」の売り上げは、相対的に35パーセントまで下がった。年々、比重を高める個人顧客を増やすには、知名度をあげるに限る。そこで、意味が分かりにくい「リース」を社名から外し、新社名を「オリックス」へ変更して、末端の消費者へ、いっそうの浸透をはかることになった。

「オリックス」の「オリ」はオリジナルで独創性を強調、「X」は未知数の発展、無限の可能性を込めたものとされた。社名変更は創業25周年を迎える89年4月1日から実施し、その変更発表は88年9月7日と、細かなスケジュールも決まっていた。

企業イメージの浸透を狙ったCI（コーポレイト・アイデンティティ）戦略は、86年ころからブームを呼び、中でも「X」がもはやされていた。「伊奈製陶」→「INAX」、「リコー時計」→「リコーエレメックス」、「電通映画社」→「電通プロックス」などだ。社名変更は新しい社章の制定をはじめ、CMなどで告知費用がかかるが、浸透するかどうかは別の問題だった。

「いっそのこと、プロ野球の球団を持ったらどうか」

とは、社名変更を目前にして宮内が時々冗談めかしてつぶやいていた言葉だった。

宮内は阪急電車で関学へ通学し、阪急の試合を西宮球場で観戦、就職後もしばしば草野球に出場した野球好きだけに、思わずこんな言葉が飛び出したのだろう。

西名が宮内の発言を酒席で喋ったのも、重要な機密情報ではなく、単なる宮内のジョークと考えていたからだった。西名の発言は酒席ではたちまちかき消され、話題はまた「リゾート法」や、はやりの「CI戦略」など、思い思いの雑談へ移った。

「お荷物は2ついらない」

喧騒の中で、西名の発言を、阪急の古寺は静かに聞いていた。

古寺が属する開発課は「新規事業を建議するスタッフ集団」と位置付けられていた。70年に開かれた大阪万博に際して社有地を府へ提供し、代って茨木、箕面両市にまたがる膨大な未開発地を取得した。将来の開発を予定したが、市街化調整区域のため、開発は塩漬けにされていた。

たまたま1979(昭和54)年2月、「中央公論」に国立民族学博物館長、梅棹忠夫の「国際文化都市・千里」構想が掲載された。

「千里万博」「千里ニュータウン」などがありながら「千里」という地名はどこにもない。そこで梅棹は、万博の際に隣接都市市長会として千里万博に協力した吹田、豊中など、淀川右岸の北摂7市を包含した「千里論」を展開した。

要は万博で莫大なインフラ投資がされたこの「千里地域」は、十分な将来計画もなく投資の結果が存分に生かされていない。そこで広大な土地とインフラ投資を活用して「国際文化都市」建設を宣言、東京や大阪にない特性も持った新しい都市を創ろうではないか、という提言である。

読んだ瞬間の気持ちを古寺が振り返る。

「これだ! そう思いました。先生の構想を理論的な裏付けとして、阪急を含めた遊休地に国際文化公園都市を作れば、遊休地は活性化するし、社会貢献もできる。そこで先生の講演会の日程を調べ、必ず出席、最前列へ座って質問を続け、私の顔を覚えてもらいました」

梅棹は数々の要職を兼務して、多忙の身だったが、講演ごとに活発な質問を繰り返す古寺の顔を自然に覚えた。数年が経過し、梅棹の信頼を得た古寺は、阪急電鉄の開発担当副社長・小林公平を梅棹へ紹介した。古寺の積極性と戦略性を高く評価した小林は、社長就任後もさまざまなことを古寺に打ち明けるようになった。

「歌劇（宝塚）と野球（阪急ブレーブス）という、阪急の2つのシンボルはともに赤字だ。プロ野球は12あるが、歌劇は希少価値がある。お荷物を2つも抱える必要はないと、小林さんが私に言うたんです。宮古島へ行く半年くらい前ですかね。西名さんの話は、普通なら聞き流す話ですわ。それが、小林さんの話を聞いていたから〝これはいける〟とピンと来た」

古寺はそれとなく西名と雑談を続けた。「球団を持つ」発言者は、トップの宮内と確認したうえで、西名と宮内の〝距離〟も探った。西名が宮内と近い存在ならば、宮内への連絡はスムースに進められるからだ。

三和銀行の清水は、西名の話を素知らぬ顔で聞き流しながら別のことを考えていた。

清水も以前から業務を通じて阪急電鉄首脳部と親交があった。清水には、自然に阪急電鉄が抱えるシークレットが集まり出した。その中に「条件しだいで阪急ブレーブスを売却したい」という、飛び切りの極秘情報があった。電鉄が球団を手放す条件は、

①プロ野球から阪急が単独で撤退することは避けたい。

②リーグを問わず、他球団が身売りした同じ年に手放したい。

③関西空港新設とからみ、難波再開発を迫られる南海が撤退する可能性がある。同じ年内に南海

に続けば目立たず最善である、と具体的だった。

阪急のディープスロートが、球団を手放す前提条件をささやいたのはもう1年以上前のことだが、情報を温め続けていた清水にとって西名の一言は、天啓のように響いたに違いない。三和銀行の本店営業二部がM&A案件として関与している、ダイエーによる南海買収作業が水面下で動き出していることも、清水は役員室から知らされていた。三和銀行は主要取引先同士の南海・ダイエーの交渉にも早くから絡んでいたのである。

阪急の情報、三和役員室の情報と西名の話を合わせながら、清水は反芻した。

「阪急は球団を売りたい」

←

「しかし1番は困る。2番手として売却したい」

←

「ダイエーが南海買収に動いた」

←

「近く、南海売却が正式に決まりそうだ」

←

「オリエントは新社名を浸透させるため、球団買収を考慮中？」

水面下で無関係なままに蓄積されていた重要情報と、新しい情報が激しく渦巻き、清水の頭の中で有機的に組み立てられた。すぐにでもオリエントの西名へ発言の真意を確かめたいところだが、球団売買の特異性を知る清水は動かなかった。

西名の発言に清水が興味を示せば、酒席でもあらぬ憶測が生まれるに違いない。もっともらしく加工された情報がたちまち拡散して独り歩きを始め、大きな障害になる恐れもある。清水は声をかけたい衝動を抑えた。

売却に向けた3社合同プロジェクト

「オリエントの社名変更と球界進出の件、もう1回確かめたうえでやりませんか」

8月23日（火）阪急電鉄の古寺が、三和銀行へ清水を訪ねてきた。古寺は社長の小林公平へ宮古島での西名の発言内容を報告、小林からは「可能性があるかどうか、もっと話を詰めなさい」と指示を受けていた。

古寺の話を聞いた清水はオリエントの西名へ電話した。西名は飛んで来た。

「あの時の話、本当なの？」

清水の問いかけに西名は一瞬、戸惑った。酒席で雑談した球団買収の軽い話に清水が関心を寄せてわざわざ真偽を確かめ、同席した古寺も真顔で聞いているのだ。西名は言った。

「……ほんまや」

「西名さんがそう答えたので、私は買える球団があるよと言いました。阪急の名前を伝えた時は、かなり驚いた様子でしたね」と、清水は回想する。

阪急電鉄が、条件しだいで球団を手放そうと極秘で検討中のこと、その条件である「他球団の身売り」が今、詰めの段階へ入っていることを、清水は順を追って説明した。

西名はすべてが初めて聞く話だった。トップの宮内は確かに「球団でも持つか」とは言ったが、正直なところ、冗談なのか本心か、見極めはついてなかった。

西名はオリエントの副社長兼近畿営業本部長の河本明三へ宮古島の視察、清水が明らかにした阪急の構想まで、すべての顚末を報告した。情報が河本から宮内へ伝わった数日後——。

「関心はある。どんな条件で話を進めるか、至急詰めるように」

との指示がおりた。西名によれば、詰める条件には本拠地をどこへ置くのか、球界参入の時期は来年の創業25周年へ間に合うか、などが含まれていた。

極秘に進んで来たダイエーによる南海買収交渉に加えて、もう一段深い場所で阪急—オリエント間の球団買収交渉が秘かにスタートした。

南海、ダイエー、福岡市の関係者は、このような話が沖縄の宮古島から始まり、急ピッチで進んでいるとはもちろん、まったくつかんでいない。

87年11月にダイエーの鵜木が福岡市の助役へ「平和台球場の使用打診」以来、漏れては困る節目の重要事項はここまで、厳秘を貫き通してきた。残ることは本拠地の最終決定、ダイエー、南海両社の関係先への説明、正式な売買契約、新規参入の承認を得る実行委員会、オーナー会議へかけるところまで進んできた。両社は、静かに公表から承認へ進む時を待っていた。

ところが……。

放たれた特大スクープ

「ダイエーが南海を買収、福岡移転」

極秘に進んでいたはずの交渉が88年8月28日、特大スクープとして、複数紙を飾った。重要な交渉は事前に漏れると、潰れるといわれる。表面化したニュースを追うマスコミと、否定を続ける当事者たちとの攻防がついに始まった。両者の動きを並列で追ってみる。

特ダネは読売、西日本、報知新聞の3紙。一面トップに派手な見出しが躍った。

◇読売新聞（西部）＝「南海」が平和台移転へ　来季にも〝九州球団〟復活　ダイエーが買収交渉　ほぼ合意　小倉でも試合

◇西日本新聞＝11年ぶりプロ球団　福岡市に本拠地　来シーズンから　ダイエー南海買収へ動く　10月にも正式決定

◇報知新聞＝ダイエー南海を買収　来季から新球団ユニード　本拠地は福岡　譲渡金60億円　来月上旬にも正式発表　名門チームついに身売り　パ新時代に突入

読売西部本社は社会面でも、「ホークスがやってくる　九州にプロ野球を　夢実現へ　そうか応援するぞ」と地元ファンがプロ野球復活を待ち望む様子を2枚の写真をつけて盛り上げた。「ファンの温かい応援で球団を育てよう」という解説記事も添えられた。

だが、よく読むとスクープ記事には奇妙な点があった。読売は「関係者の間でほぼ合意に達し、最後の詰めの段階に入った」と書いたが、直接当事者ダイエーの談話がない。

もう一方の当事者、南海電鉄社長で南海球団オーナーの吉村茂夫は、次のように語った。

「オーナーの間に優勝したいと戦力アップにつとめている。来期に期待している。しかし球団は赤字続きだ。2、3年たっても成績が悪ければ（球団経営を）あきらめざるを得ない」

吉村は、球団の将来像を一般論として述べたようでもあり、「ダイエーが南海を買収」する記事へのコメントとしては、イエスもノーもないピント外れのものだ。

「地元財界人もダイエーの南海買収、本拠地移転の動きを認めた」と前向きな談話も紹介されているが、財界人は移転の動きと関係する立場なのか、それがはっきりしない。

記事の信憑性を示す具体的な根拠としては、いずれもやや薄弱である。

読売新聞大阪本社も同様に一面トップで報じた。両本社の大々的〝特ダネ〟を、読売東京本社は、完全に無視した。南海の移転先とされる平和台球場は、福岡市が管理する市営球場。南海は大阪球場を本拠地とし、ダイエーの創業者で社長の中内㓛は、神戸商工会議所副会頭である。また、球団の売買や新規参入、本拠地の移転は、実行委員会とオーナー会議の承認を受けて決まる。両リーグ、コミッショナー事務局、ダイエーの本社機能も東京にある。

取材対象が各地へ分散したこの種の問題こそ、各本社が密接に連絡して取材を進める、恰好のテーマであり、本社間で記事の大きさや見出しが異なるのは当たり前だが、ビッグニュースの取り扱いがこれだけ違うのは異例だ。

新聞の紙面は実質的に各部デスク（次長）が決める。東京は独自に関係先に取材し、全面否定されたことに加え、記事を「甘い」と判断したのかも知れないが真相は分からない。

西日本新聞も一番の当事者である南海、ダイエーの肯定、否定コメントはどこにもない。

福岡経済同友会代表幹事、福岡銀行頭取の新木文雄の「事実なら九州活性化に大歓迎だ。実現すれば地元球団として盛り立てたい」と語る肯定的談話はあるが、同友会や銀行と移転計画との関係が不明だ。これでは新木も単なる第三者で、野球好きの市民誰もが述べる感想と変わらない。

福岡市長の桑原敬一も「直接の当事者ではないのでノーコメント」。これも当たり前だ。

報知新聞の紙面では南海の吉村が、

「今回の身売り話はすべて九州側から出た話で私は全く聞いていない。西鉄のライバルだった名門南海ということで一方的に出た話ではないか。来年は大阪球場も使えるし、そのうち市営球場もできるかも知れない。将来は別に今、身売りは考えていない」

と語っている。これが特報3社の中で、身売り話に対する当事者の唯一の具体的な反論だ。取材者は報知新聞大阪本社の南海担当、桃井光一である。

「8月26日午後6時前、ナゴヤ球場で近鉄―南海戦の試合開始直前にデスクから電話をもらいました。一般紙を含む各社の動きが慌ただしい。明27日、ダイエーの南海買収を組み込むから南海オーナーを取材してくれ。各社に気付かれないようにあしたの朝一番でな。直接会って、きっちり談話を取らなあかんで。そんなことを命じられました」

南海の身売り話は数年来、噂になっては消えていたが、当時は各社とも南海フロントのきな臭い動きや福岡市に流れ出した出所不明の噂に取材を本格化させていた。

南海は平和台で6月末から7月3日まで西武、ロッテと5試合、19日から再びロッテ3連戦を戦った。試合後のある夜、福岡県議の武藤英治が友人と中洲のバーにいると、南海監督の杉浦忠らが入ってきた。

友人はホステスに色紙とサインペンを用意させて杉浦にサインと「中内切」あての為書きを求めた。友人は訝る武藤を厳重に口止めし「ダイエーが南海を買おうと動いている。漏れたら話が壊れる」と理由を語った。

地元の大手企業、福岡地所社長の榎本一彦が山崎広太郎に頼まれて、ダイエーの鈴木や鵜木へ福岡進出の意向を確かめたことは前述した。武藤の友人とは、地所の幹部だった。2人は沈黙を守ったがホステスや有名人杉浦のサインを目撃した客の口は止められない。この夜のことが尾ひれをつけてまことしやかにマスコミ各社へ流れ始めていた。

さらに8月22日、大手ゼネコン「大林組」が日経新聞の1ページ全面を埋めるドーム球場の広告を出した。「雨のち晴」のキャプションが付き、上空が天井で覆われた雨天時の球場と、晴天で天井がぽっかり空いた「「開閉式ドーム球場」の完成予想図を並べ「私たちは（中略）用意しています」と訴えた派手な広告だった。福岡では平和台移転、新球場建設構想の発表以来、JC幹部が「ドーム球場がいい」と反応しており「いよいよ球団が来る」との観測が強くなった。

3日後に発売された『週刊文春』は「ダイエーVS西武セゾンの最終戦争」と題して、噂されてきたダイエーのプロ球界進出が「秒読みに入った」「候補は南海かロッテ」と指摘した。

これだけのうわさや、思わせぶりな広告や記事が続けば、濃淡の差はあっても、東京、大阪、福岡で南海の身売りをマークするプロ野球担当記者がいつ記事を書いても不思議ではない。あとはタイミングの問題だ。

その中での隠密を要する取材命令だ。

ナゴヤ球場の記者席はネット裏の最前列にあり、記者の動きは一目で分かる。試合開始を前に桃井が動けば、各社の間で疑心暗鬼が広がる。桃井は焦る気持ちを抑えて、午後9時46分の試合終了まで観戦した。

終了後のベンチの雑観まで取材し送稿を終えたのは11時に近かった。いつもと全く同じ動きだ。

名古屋発の新幹線下り最終便は午後10時49分、定刻に出発していた。

桃井は27日未明、タクシーで名古屋から大阪へ向かった。難波で下車して軽い食事などで時間を調整、27日朝6時ジャスト、桃井は吉村の自宅を訪問、直接に身売りを質した。

28日朝刊の吉村の否定談話はこうした苦労の末に掲載された。

特ダネが生んだ伝説

読売、西日本、報知の報道内容は、大筋で一致するが、直接の当事者が事実を認めていない点までが奇妙に一致した「画竜点睛を欠く」内容である。

特ダネを書くまでには多くの苦労があり、そのいきさつは当事者しか分からない企業秘密だが、読売新聞西部本社には特ダネが生まれるまでの〝伝説〟が存在する。

それによれば――。

福岡市政担当の社会部のベテラン記者は、ダイエーが南海球団を買収、来シーズンから平和台へ進出するとの極秘情報を8月26日の夕刻につかんだ。

「西日本は数日前から取材中だ。急がないとやられるぞ」。情報源がささやいた。

取りあえず運動部の野球担当、経済部の流通担当記者と一斉に関係先へ取材を進め、夜のうちにおぼろげな感触をつかんだ。報知新聞の桃井が「明日の夜組み込むから、早朝に談話をとれ」と命令された直後のことだ。

福岡市関係者からの情報も含めて原稿をまとめた読売のベテラン記者は、最後の確認のため、昵懇の福岡市の幹部宅を訪れた。27日夜10時過ぎである。

2人は知り合ってから数年が経っていた。幹部はいつも質問に正面から答えた。取材する側、される側は、記事をめぐって火花を散らす場面が多い。重要な問題をスクープする時ほど利害が対立し、何度も激しくやり合った〝戦友〟のような間柄だった。

各社が横一線で並ぶ発表より、特ダネの方がマスコミの扱いは大きい。抜かれた他社は、横一線で発表された時より、記事の扱いが小さくなる傾向が強い。だから重要な問題ほど、役所側では各社、横一線を望む。

マスコミはニュースが重要であるほど、少しでも早く、特ダネで伝えたい。ベテラン記者と市幹部は、何度も特ダネで〝衝突〟してきた。核心を突く質問に、

「その話は今の段階では正しいが、書かれたら方向が変る。待ったほうがいい」

「そこまで知っていれば何も聞くことはない。行政は書かれたら困るが、最後は君の判断だ」

逆に、間違ったことには、

「誰から聞いたか知らないが、ひどい情報源がいるものだ」

と笑い飛ばした。幹部の要請を拒否したことも、要望を受け入れてスクープをさらわれたこともあった。長い積み重ねで2人は信頼を深め、胸襟を開いた付き合いを続けてきた。

この夜だけは反応が違った。

話が核心に迫ると幹部の表情から笑いが消えて黙り込んだ。明確な否定もない。一度も正面から答えないままに時間が過ぎ、締め切りが迫ってきた。

やはり事実に違いない。ダイエーは南海を買って福岡へ来る——煮え切らない幹部の態度に記者は最後の勝負に出た。

「あなたの立場は分かった。もう時間がないのでこれ以上は聞きません。これまで何度も私の間違った質問を明確に否定してくれ、誤報せずに過ごしてきた」

幹部は黙って記者の話に聞き入った。

「きょうはイエスとは言ってもらえなかったが、否定もされなかった。今までの経験から、ダイエーの南海買収を書きます。そのことで私や読売が恥をかくならば原稿を水に流します。せめてここを離れる前に、水に流せという言葉に代えて水を飲ませて欲しい」

幹部が応接間を出て数分後、夫人がコーヒーを出し、その後ろから幹部が微笑みながら部屋に入ってきた。「水に流す必要はない」。幹部は無言でOKサインを出した。

買収が正式に決まるタイミングを待っていた西日本新聞にも、同じような伝説がある。

読売が報道に踏み切る、と福岡市の幹部経由でダイエーから伝えられた西日本社内では、「煮詰まるまで書かない約束をした」、「読売が書く以上、約束は無に帰した」と、2つの意見が激突し、ネクタイをつかみ合うような激論の末に最終版に掲載した、というのだ。

読売、西日本両社に伝わるこれらの話は、語り継がれるたびに〝加工〟されて伝説となるのだろうが、出稿をめぐって似たような騒ぎがあったことだけは間違いない。

熾烈な報道合戦を生んだ背景

南海身売り問題は運動部だけでなく民鉄、流通、金融業界を担当する経済部、さらには混乱の現場に欠かせない社会部記者も動員されたが、それなりの背景があった。

南海の本拠地の大阪球場は、遅くとも数年内に移転もしくは取り壊しが決まっていた。大阪空港の騒音と、混雑緩和を目的とした関西空港建設用地として泉州沖5キロの海中に、515ヘクタールの人工島を造成する第1期工事が、87年1月から始まった。大阪球場がある難波地区は新空港への玄関口にあたり、再開発事業も進行していた。

南海電鉄は新空港へのアクセス整備として、難波駅―和歌山間の途中駅から新空港へ接続する空港連絡鉄道の建設を87年暮れに運輸省から認可された。

88年2月5日には、難波駅上に地上147メートル、36階建て、客室数552、1800平方メートルの大宴会場など21宴会場を備えた国際シティホテル「南海サウスタワーホテル大阪」建設も発表した。関空の利用客を取り込むためで、開業予定は90年3月、建設費は360億円、さきの鉄道建設を合わせ総工費は膨大な額に達した。

加えて「ワシの目が黒いうちは球団を手放さない」と言い続けてきた南海電鉄会長、球団オーナーの川勝傳が、88年の連休の直前に死去したことも大きかった。

南海電鉄は67（昭和42）年4月から1年弱で人災による3件の重大事故を引き起こし、5人が死亡、885人が重軽傷を負った。戦前に同盟通信の経済部長、戦後は南海電鉄の社外役員などをつとめた川勝が68年4月、再建をまかされ社長に就任した。

「電鉄が今、置かれた立場からは球団を持つことは感心できない。チームやほかの会社の整理も考えたい。野球シーズンが始まり、時期が難しいが、具体策はいろいろ話し合って決めたい」

就任の前に川勝が語った内容を「南海、球団整理も検討　経営刷新に乗り出す」と産経が夕刊（4月17日）一面で報じた。川勝は「記者とは会っていない」と全面否定、産経側は取材した記者名、取材場所まで具体的に公表する騒ぎとなった。

以後、川勝は「球団を手放さない」と繰り返し、球団オーナーとして指名打者制、2シーズン制の採用なども主導し、人気面で遅れたパ・リーグを牽引してきた。

移転・取り壊しが迫る大阪球場→球団を死守してきた実力オーナーの死→平和台球場は移転、新設→福岡市民の野球誘致熱→ダイエーの九州地区における拡大路線……すでに公知の背景事情を組み合わせれば、3紙の「ダイエーの南海買収計画」は、特報となる可能性は十分だった。

しかし、当事者のコメントがない以上はまだ決定打ではない。問題はコメントをとれなかったダイエーの総帥・中内がどう反応するか。含みをもたせた発言をした南海の吉村が何を語るかである。マスコミ報道されたことで、当初の発言が180度変わることはよくあることだ。

多くの特ダネの場合、書かれた相手が最初からすべてを認めることはまずない。ただ、取材網が広がるにつれて、必ずどこかからアミに小さな情報が引っかかるはずだ。東京、大阪、福岡と、地点は全国に及び、取材対象も鉄道、流通、金融などの経済界、セ・パ12球団と、数多くある。多くの関係先から、必ず肯定か否定の決定的な事実が明らかになる——取材に携わったすべての記者が等しく考えていた。

大スクープか、マボロシか

南海電鉄、ホークス、パ・リーグ、コミッショナー事務局、ダイエー、福岡市政などを担当する各新聞、テレビの記者は、8月28日、日曜の早朝からいっせいに動きだした。

報道関係者を除けば、一番先にたたき起こされたのは、南海球団オーナーの吉村茂夫だ。吉村は南海電鉄社長、大阪球場を運営する大阪スタヂアム興業社長も兼ね、すべてを知り得る当事者中の当事者である。

午前4時半、スポーツ紙記者の電話で吉村家の朝が明けた。マスコミの波状攻勢はその後、夜まで続いた。吉村は時には1対1で、ある時は複数の記者を応接間に招き入れて対応した。

「作られた話に巻き込まれ迷惑だ。今回の報道は、福岡へ球団を誘致する意図を持った人物の作り話だ。私には全くその気がないから、この騒ぎはいずれ鎮まる」

〝謀略説〟まで匂わせて、球団の売却を否定した。一方で入場者が伸びない球団経営については、

「球団は年間数億円の赤字を出しているが、宣伝広告費の面から考えれば、額面通りの金額が赤字ではない。電鉄が球団を持つメリットに限りはあるが、球団経営はゼニカネだけではない」

大阪球場の移転あるいは取り壊しが迫っている点は、

「強ければ、グループの象徴として全体の士気も高まる。再来年まで球場は使えないことはない。早く強くなれば、こんな作り話は出ない。弱ければ考えねばならないが……」

そして、チームの監督・杉浦忠にも触れて、

「杉浦君は3年目だが、1年目は前監督のチームだ。今年が実質2年目だと私は考えている。やっと成熟期に差し掛かった。来年も留任してもらい、出来る限り金銭的なバックアップをする」

来年のチーム作りを杉浦に託したことを語って球団経営に意欲を見せた。

話の端々には、球団が強くならない限り球団売却を将来的に考える微妙なニュアンスもうかがえるが、移転話はゆるぎない口調で完全否定した。南海球団社長の道本隆美も、

「新聞を読んだから（売却話は）知っている。いつも取りざたされるがそんなことはない」

球団代表の泉谷《いずたに》一夫は、

「今、来シーズンの強化を協議している。球団売却の話は一切ない」と、完全否定した。

パ・リーグは関西（近鉄、阪急、南海）と関東（西武、ロッテ、日本ハム）だけに3球団が集結する二極構造に悩まされていた。特に関西の人気低迷が甚だしかった。

直近10年間に関西3球団が主催した試合の合計入場人員は、酷い時はリーグ全体の3割強というありさまで、在京3球団に大きく水をあけられていた。セと比較すればさ状態はさらに深刻で、1200万人台を常時クリアするセに対し、パは最高でも900万人台にも及ばなかった。

「野球より、やるべき仕事がたくさんある」

南海球団オーナー、社長、代表から売却を完全否定されたマスコミの取材先は、ダイエー総帥・中内㓛へ絞られた。中内はハワイへ出張中だった。

当時のダイエー秘書課長・宮島和美によれば、ハワイへ出張していた中内へ「読売が書く」と知らせたのは、球団買収を担当していた鈴木達郎だった。中内は、「俺はもう知らん」と怒鳴って電話を切り、すぐ宮島へ電話をかけ、「輪転機を止めてこい！」と怒鳴った。

8月28日の午前2時を過ぎて電話に響くボスの怒声。ボスの命令は絶対だ。間に合うはずもかなうはずもないが、とりあえずは動かなければならない。宮島は広報部長の田辺壽を探した。夏休み中の田辺は山小屋で熟睡中だった。急を知った田辺は早朝に下山した。

「秘書になった最初に中内さんから〝僕は君の時間を買っているからそのつもりで〟と言われました。命令されれば時間がどうであれすぐ動け、秘書とはそういうものだということです。そう解釈しましたから、別に日曜の未明でも仕方ない。それで田辺へも連絡しました」（宮島）

中内がようやく共同通信の電話取材に応じたのは、現地の28日未明（日本時間同夜午後7時過ぎ）だった。中内は新聞報道の内容を把握していた。前夜は「輪転機を止めろ」とまで激していたが、この日は懇切丁寧に理由をあげて福岡進出、球団買収を完全否定した。

「南海を買収し福岡に移転は、福岡市が要望している話だろう。ウチには関係ない」

中内の話は、移転は仕掛け人の「作り話」と断じた南海の吉村とどこかで重なる。

「ダイエーは球団を持つよりも、ほかにやるべき仕事がたくさんある。第一、ユニードは赤字会社だ。ユニードも含め、グループのほかの企業が南海を買収することもありえない」

歩調を合わせるように、ダイエーの田辺壽も、

「ダイエーが球団を持つような事実は全くない」

両リーグからも特別の反応はなく、対応は素っ気なかった。

「聞いていないからコメントできない」（パ会長、堀新助）

「リーグも違うしコメントしようがない」（セ会長、川島廣守）

渦中の南海は、午後6時20分からナゴヤ球場で近鉄と対戦した。球場では「ダイエー『南海買収の動き』」が話題になった。主砲、門田博光は、

「こんな話はいつも出ていることだ。現場のオレたちは惑わされずに野球をするしかない」とナインにゲキを飛ばし、監督の杉浦は報道陣に、

「また身売り話ですか。フロントの問題だ。雲をつかむような話に現場は答えようがない」

ヘッドコーチの藤原満も、

「いつも身売り話が出ては消える。今度も同じでいずれ落ちつく」

と、気にも留めなかった。実際に移転話を吹き飛ばすように、南海は初回から猛打が爆発、福岡出身の南海・山本和範の4安打2本塁打の猛打を先頭に21安打、12―3で圧勝した。

当事者が黙殺、否定する中で、九州財界のトップ九州電力社長・渡辺哲也は、

「ダイエーの球団買収計画は進んでいるようだ」

大分県知事・平松守彦、熊本県知事・細川護熙も新球団の九州進出に好意的な発言をマスコミに繰り返すなど、第三者の反応は前向きだった。

読売、西日本、報知新聞の〝特ダネ〟で各紙の記者が走り回った一日は、こうしてほとんど収穫がないままに終わった。

「特ダネ」と思しい記事を他社に抜かれたあと、後追い取材で全否定が続いた時の記事の作り方は困難を極める。特報した相手は第一報以上に深い情報を握り、二の矢、三の矢を繰り出す可能性もある。「特ダネ」を黙殺したうえに、次の矢を浴びれば致命的な失態だ。とはいえ、書かれた当事者が「ありえない」と言明した以上は、ニュースとして成り立たない。

当事者の全面否定のなか、福岡の朝日、毎日新聞の西部本社はダイエーの動きなどを新しく発掘して別の観点から報道した。

朝日新聞西部本社は「福岡市や地元経済界が南海の誘致に動いている」、ダイエーが「プロ球団を持った場合、平和台をフランチャイズにできるか」と市幹部へ打診した、市民の球団誘致運動が盛ん――という客観的な事実3点を組み合わせて、社会面で伝えた。

毎日の西部本社は「お盆前後ダイエー関係者3人が2回、福岡市にプロ球団を結成したら受け

入れるか」打診した、と時期、回数、人数を具体的に伝えた。東京、大阪は運動面で「南海、福岡へ〝身売り〟?」と困惑の様子を報じた。

両紙ともダイエーの鵜木洋二が、福岡市助役の友池一寛へ打診した事実をキャッチしたものの、ダイエーや南海が報道を否定する姿勢は揺るがなかった。

読売東京本社は西部の記事を圧縮し、ダイエー、南海の否定談話と地元財界の肯定的な見方を並べて社会面に「買収構想」と紹介した。

西日本は政治、経済、外交上の問題を扱う総合面で地味に「水面下で詰め続く」と両トップの否定談話を紹介し「発言とは裏腹に、極秘に交渉が続いている見方が強い」と苦心の記事だ。

スポーツ紙も否定、肯定半ばする苦心の紙面を作る中、スポーツニッポンの記事が注目を集めた。同紙の1面は「身売り⁉　南海」「ダイエーが買収へ」と身売りを肯定的に報じ、3面に「開閉式ドーム建設へ　ダイエー」と〝傍証〟を掲載した。

記事は、市長の桑原が新球場建設を新春に明言したことを受けて、球場が必要とする広大な敷地や、交通の便利さから候補地は「よかトピア」会場の跡地しかないと指摘し、こう続けた。

「構想ではここに開閉式ドーム球場を博覧会建設終了後の来年十月に着工、三年後に完成させる」

「ダイエーはオフのドーム利用の活性化のため周辺にインテリジェンス施設を希望しているといわれる」

その後、中内がドーム球場建設を明言、福岡市が紆余曲折のあと跡地を売却して開閉式ドーム球場が完成、93年4月2日開幕戦が行われた。その後に起きたことを考えれば、この記事は福岡市当局やダイエーから綿密な取材を尽くした結果のスクープと評価されるべきだろう。

「野球なんか嫌いだ」

特ダネ報道はメディアの生命だ。記者は特ダネを目指し日夜、駆け回る。特ダネが華々しく紙面を飾る快感は、記者の無上の喜び、疲れを吹き飛ばす栄養剤だ。

特ダネを野球に例えれば、①文句なしのジャストミートの本塁打②飛距離は十分だがフェアかファウルか判別不能な打球③泳いだテキサスヒット④空振りの三振——があるように思う。

ジャストミートは、まさにこのタイミングしかない特ダネを指す。捜査機関の「きょう手入れ」「○○に逮捕状」や企業の大型合併発表のように、記事を追認する動きが待ったなしでやってくる特報だ。ライバル各紙は嫌でも後を追わねばならない。

「事件の重要人物が核心を自供」のような特ダネは、捜査機関がすぐに認めないことが多い。自供を得ても「まだ調書がとれていない」などを理由に、記事そのものは否定も追認もしないケースだ。極秘裏に進行中の官庁間の方針協議、企業間の取引など複数当事者がかかわる問題も、互いの調整がつかず、当初は否定することが多い。

時間が経過した後に、当事者が特ダネを追認しても、それを書いた記者の喜びはジャストミートした場合に遠く及ばない。さながらフェア、ファウルの判定で揉め続け、すっかり白けたあとで本塁打と認められたようなものだ。

当事者が認めた形跡がない３紙の「ダイエーが南海買収」の記事が特ダネとすれば、先の分類の①ではない。しいて言えば②に近いが、長い時間のあと追認されれば③だ。

マスコミが真偽を確認できない中、29日午後、渦中の中内㓛が成田空港へ帰国した。空港には鈴木、田辺、宮島ら中内に〝時間を買われた〟男たちが勢ぞろいした。鈴木は会見前の中内に接触、手短に事の次第を説明して「とにかく全否定を」と中内に頼んだ。

報道陣に囲まれた中内は「プロ野球は嫌いだ。福岡の政財界人と会ったことは一度もない。事実と違うことを書かれ告訴したい気持ちだ」と、不快感をあらわにした。

南海電鉄本社前には多くの報道陣が朝から集まり、吉村の出社を待ち構えていた。その前を無言で通り過ぎた吉村は、退社する5時半になって初めて発言した。

「福岡の政財界がうちとは関係ないことを一方的にしゃべっているだけだ。実際に何もないのになぜ勝手に騒ぐのか」

30日、西日本新聞は「九州新球団実現に期待する」と社説を掲げた。

「福岡市の平和台に南海の本拠地を移すニュースが伝えられた」

「球団移転までは難問が多いと思う。企業ペースが先走らないよう九州のみんなに支えられて進展するよう望みたい」

最初の報道からかなり後退した内容だ。「伝えられた」も間違いではないが、普通ならば「本紙が報道した」だろう。当事者2人の完全否定が、こうした微妙な表現をさせたのだ。

一時は10年ぶりの大スクープと思われたダイエーの南海買収問題は、こうして表面化後3日目には中内、吉村両トップの強い否定発言によって、各紙とも急速にトーンダウンした。

南海、ダイエーの買収交渉の行方を見つめるのは何もマスコミだけではない。

南海・ダイエーの混乱ぶりを知ったロッテ球団社長の松井は、さぞほっとしただろう。自身の「売却断念」提言がなければ、吉村、南海の代わりに松井、ロッテが巻き込まれた。韓国の五輪開幕直前の騒ぎともなれば、韓国に関係が深いだけに、ロッテは回復不能の打撃を受けたと思われるからだ。

水深に潜航したまま買収交渉を秘かに進める「三和、オリエント、阪急」の合同チームも自身の命運を南海、ダイエーの買収交渉に委ねたまま、8月はあっという間に過ぎ去った。

第4章　一筋縄では進まない球団買収を巡る虚々実々

南海・吉村オーナー（左）と会見に臨む中内㓛

巨人軍オーナーの爆弾発言

南海買収計画をスクープされた翌日、「野球は嫌い」と報道陣に語った中内。福岡へ球団を移したい仕掛け人の謀略説を流した吉村。

2トップの強い否定にあい、1988年9月に入るとマスコミの報道は鎮静化へ向かった。その静けさを神戸新聞9月4日の朝刊が破った。その見出しはこうだ。

「走るダイエーの南海球団買収説　両社全面否定もウワサ独り歩き　火元は九州　誘致の情熱……尾ひれつく　依然くすぶる〝狂想曲〟」

「まことしやかな話が流通業界を駆け巡っている」とダイエーの南海買収報道を中内と吉村が全面否定したことに触れて、以下に続く。

「このウワサ、終わったのかといったら〝新球団の監督にはだれ〟、〝買収金額は60億円〟など尾ひれが付き、その後も根強く流れている」

そして賛否両論を紹介しながら「流通業界の動向ともからみ、ここしばらくは〝完全消火〟とはいきそうもない」と締めくくっている。完全消火は「噂がなくなるまで」の意味だろうか。全体としてはダイエーの南海買収説を打ち消すような紙面構成だった。

続いて朝日新聞西部本社が7日夕刊3面に「ホークス、来るの　こんの？　博多は大騒ぎ　話

は進行中の可能性　全面否定、ダイエー・南海」と見出しをつけ、南海買収を完全否定した中内の一問一答を含む全1ページの特集を掲載した。

記事はダイエーの南海買収、福岡進出に市、南海、ダイエーとも合理的理由があり、市とダイエーは8月に話しあった、など進出の可能性を示唆している。しかし、一問一答で中内は、

「（南海を買収することは）全然関係ない。僕は野球なんか嫌いだ。稲尾監督なんて書かれたけどわしゃ知らんで。西鉄ライオンズにおったな。あんなの、監督になんて使えんのじゃないか」

「（市長と会ったこと）あんな市長なんか知らん。神戸市長は知っとるけど、福岡市長なんか関係ない」。（福岡市当局との接触も）「そんなもん、向こうへ行ったこともない」

と、強く否定した。中内の「野球嫌い」発言はこれで2回目だ。ダイエーが気にしていた中内と福岡市長・桑原敬一の「5月の極秘会談」もマスコミに漏れた気配はなく、取材に全否定を貫く対応も変化がなかった。

ところがその夜、巨人軍オーナーの正力亨から衝撃的な発言が飛び出した。

「オーナー会議の開催は決まったか」とマスコミに聞かれた正力が、

「名前は言えないが、新しい球団加盟の方が、コミッショナー決定より早いだろう」

と答えたのである。

コミッショナーの竹内寿平は、任期途中の6月末、病気で辞任し後任探しが続いていた。

ここでプロ野球の憲法・「野球協約」とオーナー会議、コミッショナー選任や新球団加盟の関係を整理しておく。コミッショナーが決めた「指令や裁定」は最終決定であり球界に所属する全団体、個人を拘束する。最高権力者のコミッショナーは各球団代表者が集まる実行委員会で選任

し、オーナー会議が承認する。オーナー会議は開催3週間前までに通知がないものは審査、承認の対象外とした。保護地域（本拠地）移転は参加する公式戦の前年10月末、球団譲渡は同じ11月末がオーナー会議の承認期限だった。

したがって、球団の売買、譲渡や移転で合意しても期限内にオーナー会議の承認がなければ合意自体が無意味になるという球界特有の難しい規定があった。

実際、事務局ではオーナー会議の10月1日開催を計画し、オーナーの予定を各球団へ打診していた。審議事項に南海の身売りが含まれるのはほぼ確実な情勢だったのだ。

球界首脳が南海のダイエーへの身売り問題で沈黙する中での正力の仰天発言だった。

球団創設55周年を翌年にひかえた巨人軍は、監督・王貞治の5年契約最終年、日本初の東京ドーム完成が重なり、連覇が至上命令だった。しかし強打のクロマティ、吉村禎章が夏に相次いでシーズンを棒に振る重傷を負い、戦力が大幅ダウンし、優勝断念のXデーが近づいていた。

暗い公式戦に話題が及ぶのを逸らそうとしたのか、予想外の正力の反応を「南海の〝身売り〟ダイエー（買収）やはり進行中？　正力オーナー注目発言」（『日刊スポーツ』）と伝えた。

関係者への取材攻勢が再び激しくなった。吉村の自宅も8日朝は数人の報道陣が集まった。

「今、初めて聞いた。正力さんがどうしてそんなことを。セ・リーグの話じゃないのか」

いつもは売却話を事実無根、作り話と否定はしても、口調は穏やかな吉村だが、さすがにこの日は気に障ったのだろう。不快そうにまくしたてると、迎えの車に乗りこんだ。

そのころ、自宅前で再び報道陣に前夜の話を質された正力は、

「かなり確実な話だ。球場や練習場をどう進めるかは聞いていない」

騒ぎの中で、微動もせず野球に取り組む南海の主砲・門田博光は8日夜、大阪球場の近鉄戦で〝雑音〟を吹き飛ばした。初回は右翼最上段へ、3回はバックスクリーン直撃で35、36号を連発、大リーグを含む40歳選手の本塁打世界記録を達成した。

門田は、79年に右足アキレス腱を切断して以来、毎朝自宅で入浴時に温、冷水を交互に足にかけて痛みと戦って来た。満身創痍で続けた努力が今、報われた。

門田の苦闘を知る吉村は、試合終了後にグラウンドへ飛び出し、門田と固く握手した。その背に「球団売ったらアカンでえ。南海は浪花の球団や」と、ファンの熱い声援が飛んだ。門田はこの日、3安打3打点。本塁打と打点107はリーグ1位、打率は3割2分5厘でリーグ4位。三冠王を狙う勢いだった。

正力発言が飛び出した7日午後、オリエントは創業25年周年となる89年4月1日から、オリックスへ社名変更すると発表した。日経、朝日、毎日、読売の各紙はそれぞれ経済面に小さな1段の見出しでひっそりと伝えた。

社名変更の目的は、広く一般の顧客に事業内容を浸透させるためだが、目標にした顧客層の主婦や学生、20代前半の若者にとって「経済面」はもっとも縁遠いページで、浸透効果はあまり期待できなかった。コミッショナー事務局、セパ両リーグ、各球団関係者でこの記事に注目したものは阪急電鉄の一握りを除けば、いなかったに違いない。

9日、宮内が「買収の意思を非公式に阪急へ伝えた」(『日本経済新聞』10月21日朝刊)

再燃したダイエーの南海買収問題への関心の高さを隠れ簑に、オリエント・阪急の売買交渉はいよいよ深く、そして静かに進んでいた。

「先のことは明日の天気と同じ」

9月10日午前、ダイエーの中内功が日航機で福岡空港へ到着した。関連会社の社員550人と博多港から天津へ向かい、洋上と天津で各種の研修を受けさせるセミナーに同行するためだった。空港で記者に囲まれた中内は、

「プロ球団を持つ気持ちはない。個人的にもプロ野球に興味はない。今はソウル五輪で陸上部員の中山（竹通）を勝たせることで頭がいっぱいだ。野球が嫌いとは言っていない。周りがわいわい騒ぐのが嫌いという意味で話した」

と語った。中山は当時28歳。日本の長距離界の第一人者で、ソウル五輪の金メダルが期待されていた。中内の一連の発言の真意は五輪後に野球に興味を移すサインなのか。

「野球が嫌い」と中内は確かに発言した。それを修正したのはなぜか——疑えば疑うほど、中内の発言は巧みなレトリックが含まれ、簡単には真意が測れない。

巧妙な話術は続く。「福岡市民は球団進出を願っている」と水を向けられて、すかさず答えた。

「良く知っている。その通りだと思う。そうなるといいですね」

当事者として球団進出の意志を表明したようでもあり、純粋に市民の希望がかなうことを願う傍観者の感想とも受け取れる。やはり本心は読めない。

中内が球団買収を「根も葉もない話」と改めて明確に否定した直後、「今後も絶対に球団を持

たないのか」と畳みかけられて答えるまでに、少し間《ま》があった。

「今のところその考えはない。先のことは、明日の天気と同じく分からないものだよ」

また記者たちはケムに巻かれた。中内は市内のダイエー店を視察したあと博多港で「新さくら丸」に乗船した。埠頭には関係企業の社員のほか、多数の新聞記者、カメラマンが集まっていた。マスコミの関心はただ一点。ダイエーが本当に球界に進出するか否かにあった。

プロ球団を持つこと——改めて、その沸き上がる様な人気のすごさを感じたのだろう。中内はマイクを握った。関係者へ型通りの挨拶のあと、「帰ってきたらまた福岡へ寄ります。その時はどうぞよろしく」とわざわざ付け加えた。

中内の一言一句は、表情、口調までを加え、福岡から大阪本社を経由して吉村番記者へ打ち返された。午後2時を過ぎていた。「中内発言」を、南海ホークス買収への前向きなシグナルととらえ、各社の記者が吉村邸へ走った。吉村は土曜日のゴルフを楽しみ、午後8時前、濃紺のジャケットに白っぽいズボン、運動後のさっぱりした表情を浮かべて帰宅した。

「中内さんがそんな発言を？　全く迷惑な話だ」

中内発言の一部始終を聞かされた吉村が口走った。球団の買収、移転問題が報じられても、

「事実無根」

「告訴したい気持ち」

「球団が欲しい福岡側の一方的な希望の表明」

と、いつも一致した感想や見解を述べてきた2人の間に、初めて小さな食い違いが出た。

「九州と東京で勝手に騒ぎ、大阪は全く平穏なのに、どうしてそんな嫌味な発言をするのやろか。

チームがAクラスを目指し必死に戦っている時に水を差され困るのは私たちだ。誰に向かって何を目的にそんな発言をしたのか。とにかく球団を手放す気持ちはありません」

西日本新聞は10日夕刊社会面で中内発言を「完全否定から後退」と写真付きで大きく扱った。スポーツ紙は11日の紙面で、中内発言を「全面否定から姿勢が変った」と大きく、吉村の全面否定は小さく扱った。一般紙は、中内の「先行き不明」も吉村の反論も扱わなかった。

「10月1日、オーナー会議」の招集通知が、9月9日に各球団へ送られたことが12日になって分かった。すかさず福岡のRKB毎日が「ダイエーの南海買収が決まった」と放送した。

続いてTBSが全国放送で「1日のオーナー会議で買収承認。その後、大阪、福岡で同時発表」と伝えた。ドーム球場建設予定地として福岡市早良区の海岸埋め立て地などの画面も添えた。

放送の影響は福岡市を巻き込んだ。市政担当記者から集中的な取材を受けた助役の友池一寛が、「どこからも連絡はないし、買収話は全く聞いていない」

と、夜遅く市長談話をわざわざ読み上げた。記者たちにさらに突っ込まれると「今の段階で予定はない」「先のことは分からない」と苦渋に満ちた表情で語った。

「今の段階で」、「先のことは分からない」――こうした言葉は、図星を指された広報担当者がしばしば使う。嘘は言えないが、完全否定をすれば後でミスリードと追及される。行政のスペシャリストだけに、のちにどんな結論が出ようとも、何の問題も起きない常套句を使った。

オーナー会議議長の広島・松田耕平も、球団事務所でオーナー会議、実行委員会の開催理由を聞かれた。後任コミッショナー人選の途中経過、秋の日米野球などの議題をあげたあと、「パ・リーグから報告はないが、(身売り話は)あっただろうから、今度の会議で結論が出る可能性がある」と語った。

議長としてすべての審議内容を知る松田が「結論が出る可能性がある」と言及したことが、事態の急進展を意味していた。松田の「結論が出る」という発言は、この場合「議決する」と同義語だ。南海買収問題は当事者の否定にかかわらず、確実に動きだしていた。

オーナー宅で緊迫の記者会見

吉村はまだ帰宅していなかった。時間とともに門前で吉村を待つ記者の数が増えてきた。午後9時40分ころ帰宅した吉村は、20人近い記者を応接間に招き入れ、取材に応じた。

「テレビでニュースを流したと聞いて帰ってきた。なんでこんなニュースを流すのやろう。わけ分からんわ」

「これまでは福岡側が勝手に騒いでいると思い、売る気がないと言い続けてきた。ここまで騒ぎが大きくなれば中内さんからアクションがあると思う。門前払いせず先方の話を聞いてみるつもりだ。もう、私1人で決める段階は過ぎた。常務会を開いて役員の考えを聞いてみる」

「福岡が歓迎してくれるのだからリーグのためにも良いことだと思う。役員会に諮ったうえで10月1日までに私が結論を出す」

吉村は南海のファンや、一時代を築いた球団の栄光と伝統を大切にする必要性を強調して、「最後は私が中内さんと直接話すことになるだろう」と付け加えた。

この発言を機に記者たちは立ち上がった。午後11時を過ぎ、朝刊締め切り時間が迫っていた。

正式の記者会見ではないから、取材が済んだ記者は帰る。独自取材をしたい記者は、最後まで残る。他社の記者が遅れて来れば、質問は最初へ戻る。温めた質問が出来ないままに時間が過ぎる。問題発覚以来、吉村邸ではこんなシーンが続いていた。

吉村邸の囲み取材を、各紙は13日朝刊で伝えたが、読売新聞だけは南海が交渉に応じる3条件を明示した。以下はいずれも大阪本社発行の紙面の主な見出しを引用した。

◇朝日＝否定しつつ「門前払いしない」　ダイエーへの身売り話　吉村オーナー

◇毎日＝「南海」身売り公算大　ダイエーの条件待ち　「60億なら文句いわぬ」吉村オーナー

◇読売＝南海、譲渡を決断　ダイエーへ3条件　プロ野球実行委　来月1日に了承

産経は東京の運動面が◇「南海の身売り濃厚　ダイエー・福岡側も合意？　吉村オーナーも否定せず」と各新聞と同じく吉村発言の要旨を掲載したが、大阪は無視した。

読売は東京でも、①球団名ホークスを残す②選手の待遇を改善する③監督の杉浦をそのまま留任させる――身売り3条件を伝えて、ようやく足並みが揃った。

毎日も、吉村が初めて身売り問題に前向きな姿勢を示したと、発言を紹介した。

「買収の話があれば考える。50年の歴史を大事にしてくれることが一番重要だ」

「金の問題ではない。杉浦君の留任も発表しており、選手の安易な首切りも困る」

ＮＨＫテレビは13日朝6時のニュースで、前夜の吉村の会見をもとに「南海が身売り決断」と放送した。前日のＴＢＳに続く全国放送だ。

前夜遅くまで吉村邸に残った「夕刊フジ」は正午前には早々と駅売店に並んだ。

◇「南海」30億で身売り　「ホークス残し、杉浦留任条件」　吉村オーナー

記事は吉村の「経営者のカンでは明日（13日）かあさって話があると思う」と〝意味深〟な発言を紹介していた。最初の「騒ぎが大きくなったので中内さんからアクションがあると思う」からさらに一歩踏み込んだ確信ありげな発言だった。

ついに両トップが認めた

吉村邸には13日朝7時半ころから記者が集まった。そこでも吉村は、交渉の前提を「ホークスの名を残す、監督留任、選手・職員の給料アップの３条件を先方が認めること」と強調し、読売が報じた「３条件」を正式に追認した。

各紙朝刊は、北京にいる中内へダイエー広報部から早朝のファックスで届いた。

午前10時30分、通常より1時間遅れて出社した吉村は、再び50人近い報道陣に囲まれた。

「あくまで中内さんから申し入れがあることが前提ですが……」

吉村は再び３条件に先方が応じるならば交渉に乗り出す、と表明した。

読売の３条件報道を２度にわたって追認した吉村発言をもとに、一般紙は13日夕刊、スポーツ紙は14日の紙面で、それぞれ３条件を具体的に取り上げた。これがジャストミートの特ダネだ。

中内は13日、午後２時半、北京駐在の記者団との懇親会に長男の潤（ダイエー専務）を同席させて臨んだ。ビール片手に中内は、上機嫌で質問にも答えた。

「吉村さんがいろいろ話したようですね。こうなったら逃げも隠れもしない。帰国したら早く

（吉村と）正式な話をしたい」

「南海の給料は12球団最低、西武の半分ほどだ。倍増したい」

「杉浦監督は温厚な紳士だ。代えるつもりはない」

「買収後もホークスの名前は残すつもりだ。南海は昔、都会的な素晴らしいチームだった」

すでに12球団全体の年俸までを把握、水面下の情報交換を示唆した発言だ。「正式な話はまだ」と言いながら、吉村の3条件を肯定するような考えを記者たちに表明した。

吉村は同日夕刻になって「本日、中内社長から球団譲渡について国際電話で申し入れがあり、私から南海の条件を伝えた」と語って退社、自宅には帰らなかった。その後、電鉄本社から同趣旨の広報文が配られ「14日午後1時からホリディイン南海でオーナー会見」が発表された。吉村が未明に語った「経営者のカンとして中内さんから電話がかかる気がする」は、本当にカンなのか。あるいは、隠された別の根拠があったのだろうか。

東京遠征中の南海ナインは、ロッテ3連戦（川崎球場）に備え12日午後、横浜市内のホテルへ移動した。選手たちは吉村の発言内容はもちろん知らない。

13日朝、食堂ではほとんどの選手が無言で、特大の活字が躍る「南海身売りへ」「オーナー決断」などの記事を熟読していた。表面化後はほとんど問題を取り上げなかった一般紙も「身売り決定」「10月1日承認」などと報じ、選手は「身売り」が、現実になることを覚悟した。

「家のローンが残っとる。九州へ引っ越したらどうすればいいのやろう」

「子供の学校考えたら、家族で転居するのは早くて3月か」

あちこちで記事を読み終えた選手が、ささやくように不安を語り出した。

監督の杉浦は、

「大本営がやめろといわない限りわれわれは戦い続ける。今は島を守り抜くことが使命だ」

と健気に報道陣に語り、球場では、選手に「ゲームに集中しよう。応援するファンがたくさんついている」と激励した。川崎球場のレフトスタンドに「南海買収絶対反対！　南海ファン一同」の横断幕を掲げた多数のファンがいた。大阪の電鉄本社前には「吉村オーナー　ファンを裏切らんといて！」と大書した横断幕が揺れていた。

Aクラス入りをかけた今回の遠征は、当面のライバル日本ハムに東京ドームで10、11日と連敗、13日夜のロッテ戦も敗れた。主砲・門田も、３戦通算で12打数1安打、いかにもバットが重そうだった。試合終了は９時３分。10時過ぎに宿舎に戻った選手は、ホテルで食事をすませた。外出する選手もなく、食堂は重い空気に包まれていた。

球団社長・道本隆美、代表・泉谷一夫が大阪から上京し、ひっそりとホテルの裏口から入った。チームが東京遠征中に起きた一連の経緯を説明するためだった。道本が杉浦以下コーチ陣を一室に招いた時のことを泉谷は「杉浦の表情が忘れられない」と語った。

杉浦は「決まったことは仕方ない」と静かに語り、

「私はちょっとだけ行って来ますからね。なんとか買い戻して大阪の南海でまた頑張りましょう。杉浦君はその話ばかりしていた。南海の再建を信じ切っていた……」

ヘッドコーチの藤原満もはっきりと覚えている。

「道本さん、泉谷さんが申し訳ないとまず頭を下げ、実は球団を売ることになった。遠くへ行くが、皆さんで選手を連れて行ってくださいと挨拶された。その時は球団を売る実感はまだなかった。本当に実感したのは翌年以降、大阪球場が年々姿を変えていくのを見た時です。故郷が消えていく感じでした」

道本、泉谷、杉浦、藤原はその夜は明け方まで酒を飲み続けた。時おり南海の栄光の歴史が話題になった。親分と言われた監督・鶴岡一人の「グラウンドには銭が落ちとる」という懐かしいセリフ、宿敵巨人を杉浦の4連投4連勝で倒した、59（昭和34）年の日本一と、涙の御堂筋パレード――。誰もが過ぎ去った栄光の日々に思いを馳せ、黙々と酒を飲んだ。

「囲み取材」の天国と地獄

12日夜の吉村邸の記者会見には、各社が同席していた。同じ説明を聞いたはずなのになぜ、読売だけが具体的に譲渡のための3条件を明示できたのか。

同夜の吉村邸の様子は、各紙を併読すればかなり細かいことまで分かる。

夜9時40分ころ、帰宅した吉村を取り囲んだ多数の記者たちは、吉村に続いてそのまま玄関から応接間に入り取材が始まった。吉村がオフレコと断らない限り、発言の引用は自由だ。

吉村が発する一言一句に、記者たちは蓄積した情報と比較、整理しながら記事にした時の見出しや新鮮味などを判断する。

記者と吉村にとっては一問一答の真剣勝負、居合わせた他社との勝負は翌日の紙面で優劣がはっきり現れる。記者の力量とセンスが問われる囲み取材は、同じ情報をどう処理するか、記者の醍醐味が存分に味わえる楽しさと残酷さが共存する場でもある。

10畳ほどの応接間の一角にはピアノ、中央に応接セットが置かれていた。当夜の吉村はピアノを背に腰かけ、取り囲んだ記者たちは座ってメモを取った。数社のカメラマンもいた。サンスポ、スポニチ、毎日の13日朝刊は、スーツにネクタイ姿で語る吉村の写真だ。帰宅直後に囲まれ、上着を脱ぐ暇さえなかったのだろうか。夕刊フジは上着を脱ぎ、眼鏡をかけて書類を見ながら話す、吉村の写真を掲載している。

毎日は12日午後11時、夕刊フジは13日午前1時と、撮影時間を明記した。少なくとも、吉村が帰宅した午後9時40分から翌日の午前1時まで計3時間半、記者たちは吉村邸へ激しく出入りし、途中で吉村が上着を脱ぎ、眼鏡をかけたことがわかる。

読売新聞大阪本社の北野正樹は、吉村、中内が球団譲渡を肯定した発言を受けて、14日の読売新聞朝刊（大阪運動面）で、12日深夜の取材の様子を次のように署名入りで書いた。

「『ホークスを手離すことは悲しいがそれを決断するのも私の仕事。苦しい胸の内を一人でも分かってくれればいいんですよ』と12日深夜、自宅で吉村オーナーは声を絞りだした」

全社共通の囲み取材からの特ダネがなぜ生まれたか──。取材源の秘匿は記者が絶対に守らねばならない最高の職業倫理だ。通常の1対1の取材で得た特ダネの取材源や方法を聞くことは慎まねばならない。しかし、これは公開の場の特報である。

以下は北野が語った当夜の様子である。

一区切りついて多くの記者が去り、北野と毎日記者が残った。遅れて夕刊フジの記者が来た。話は振り出しへ戻り、吉村は同じような話を繰り返した。

──常務会を開くとのことですが、そこが承認したら売りますか。

「私は売るとは言っていません、意見を聞くだけです」

同じ話を繰り返しながら、吉村は合間に「ホークスの伝統を大事にしたい」「杉浦君の留任はもう発表した」「安易な首切りは困る」など、脈絡がない話もつぶやいた。だが、これは取材を始めて以来、初めて吉村から聞いた言葉だった。

北野は角度を変えた質問をした。

「電鉄経営者の立場から、新線や超高層ホテル建設を考えれば、どんなことがあっても選択肢は手放すか、現状維持か。2つしかない。経理の専門家として、判断基準は金額ですか」

吉村は、「苦しい胸の内」と、断片的に語っていたホークスの伝統や杉浦留任などを繰り返して語り、続けてさらに重要な一言を発した。

「オールドファン、後援会長の高島屋などが納得してくれることです。金銭は二の次です」

それまでのゆったりした話しぶりと違い、堰を切るような言葉の勢いを北野は感じた。

「金銭ではない」は明らかに球団譲渡の際の金額を意味している。

これは売ることの形を変えた明確な意志表明だ。しかも経理の専門家である吉村が「価格は二の次」という。では一番はなにか。そのもっと大事なことこそ、杉浦留任などオールドファンも納得する南海の伝統を守ることだ……。

頭の中の連想ゲームで「この3点が、金銭よりも重要な身売り成立条件」と北野は確信した。

吉村邸を辞去して手早くデスクへ一報を入れた。社で遊軍記者が原稿をまとめ出したところへ北野が戻った。原稿は、最終版の輪転機が回り始める直前に完成した。

毎日は翌日の朝刊で「ホークスの伝統が大事」「杉浦留任」「安易な首切りは困る」という吉村の発言を切り取って紹介した。しかし、一面トップの見出しは「南海身売りの公算大　ダイエーの条件待ち」である。ダイエーの条件提示を待つ、受け身の立場だ。

毎日の記者も吉村が決断したと思ったという。

「99％売ると思いました。限りなくクロ（売却）に近い。でも、最後の確証をとれなかった。私は売るとは言っていません、の一言が最後まで壁になった。譲渡決断と踏み込めなかった」

「九州へ移ることがリーグのためになる」

9月14日午後1時から、吉村の記者会見が始まった。7台のテレビカメラ、新聞社のカメラのフラッシュ。１００人を超える報道陣。会見場は熱気で埋まり、吉村はハンカチで顔を拭きながら売却までの経過を説明した。

「最初は、大阪を素通りした福岡と東京の間の勝手な話にほんま、腹を立てました」

吉村は表面化した直後は謀略説を持ち出して、球団を手放さないと強調していた。その強硬姿勢がいつ、なにゆえに変わったのか。

「10日に中内さんが球団経営について（福岡で）柔軟な発言をされた。寝耳に水だったが、それから球団の実情を考えた」

吉村は、中内の「明日のことは分からない」で考えが変わったと言い、手放す理由は、

「電鉄本社は関西空港の大プロジェクトを抱え、大阪球場も移転または取り壊しが避けられない。その先の（用地の）めどがない。球場がなくては強いチームができない」

――ダイエー側との交渉開始は？

「中内さんからは昨13日午後、３条件を了承する電話をもらった。チャンスと思った。すぐに常務会と経営会議を開き（売却）了承手続きを終えた」

――それにしては、決定があまりに早過ぎないか。

「決まったからには躊躇できない。大阪地区に３球団がひしめくのはパにとって好ましくない。九州へ移ることがリーグ全体のためにもなる」

吉村が最後に付け加えた一言は、リーグ最多優勝12回。日本一２回。パの盟主としてリーグを引っ張り続けてきた矜持が言わせた。


中内も同夜７時40分、北京から成田空港へ帰国。８時過ぎからにこやかな表情をみせて空港内ＶＩＰルームで記者会見した。中内の第一声は、

「皆さんがこれだけ騒いでくれたから（球界への進出を）やらざるをえなくなった。加えて福岡の熱意に負けた、作戦にやられた」

「皆さんの取材攻勢が激しく、吉村社長は電話で中内さんだったら南海としても譲っていいと言うことで、この件で初めて吉村さんと話した」

――吉村さんは譲渡が合意したと、さきほどの会見で明言したが。

「いや。合意ではない。条件を聞いて配慮しますと答えただけです」

「皆は福岡というが福岡、千葉、神戸。いろいろな候補地があり、それぞれを本拠地にしたい理由もある。南海との間で具体的なことは決まっていない」

中内は過去に特定の球団を持てば、他球団ファンの客が離れると語った。

「勝っても負けても商売に影響が出ると考えていた。今回の騒ぎでプロ野球への国民的関心の高さがよく分かった。社会の公器のプロ野球に参加できればいろいろな面でプラスになると考えた。小売業初の挑戦だが結果の良し悪しの責任は私にある」

中内は北京で60億は高すぎると発言していた。買収価格はいくらか？

「人の集団ですからね。まして名門南海に値段うんぬんするものではない」

南海電鉄株は、８月６～17日にかけて出来高は１万２０００～４万８０００株、株価は１３６０～１３９０円だった。それが18日２０７万株、19日６７４万株と膨らみ、株価は18日１５７０円、19日には１７２０円を記録した。

大証がインサイダー取引でないか、疑問視していると質問された中内は、

「スポーツを少しでも振興したい、子供の夢を膨らませたいとやっている。そんなことを言う大証の人がいたら、おかしいじゃないかと言いたい。心外だ」

と気色ばんで30分間の会見を終えた。

「市民球団として福岡に本拠を置く」

中内と吉村の初のトップ会談は、９月21日午後１時。御堂筋の「ホリディイン南海」で開かれ、わずか35分で終了した。先に電話で合意した内容を確認するセレモニーだった。

記者会見で吉村は「球団譲渡が正式に決定、譲渡額は後日詰めることになった」「提示した３条件のうち『杉浦留任』を条件から外した」と明言した。

杉浦は筋を通す男だ。吉村が球団譲渡の条件に、監督留任を求めたことが不満だった。

「選手より先に自分が決まるわけにはいかない。球団譲渡の条件に、監督留任が入るのはおかしい。私が直接ダイエー側と会い、本当に必要なのか聞いて判断することです」

「僭越ですが私の続投をプッシュしないでください。あの家は裕福だから嫁に行けと言えますか。プッシュすることはそれと同じです」

杉浦は球団の売却条件から監督留任を外すように直訴した。トップ会談で中内は杉浦の心情に理解を示し「自分で意志を直接、確かめる」と明言した。

大勢の記者を前に、中内は雄弁に語った。

「彼（杉浦）はジェントルマンと聞いており、我々が目指す、清く正しく美しいチーム作りにかなう人だ。こちらから要請し引き受けてもらいたい」

「市民球団として本拠地を福岡に置き、球団名は福岡ダイエーホークスにしたい。今の平和台球場では……日本の天候を考えて、できるだけ早くドーム球場を実現させたい」

中内発言を受け、福岡市長の桑原敬一も同夜、記者会見した。球団誘致市民会議、地元財界、市議会とも合意をはかり、「みんなで球団、球場を作りたい」と桑原は語った。

ドーム球場建設はすでにスポニチが、海岸埋め立て地〝シーサイドももち〟へと、8月29日に特報していた。中内や桑原の発言は、同紙の報道を追認したもので、早い段階からダイエーが福岡市関係者と球場問題で接触していた可能性を強く示唆していた。

なお、宙に浮いていた杉浦の監督就任問題は、中内が出馬して決着させた。

ダイエー創立記念日の9月23日、恒例の物故者の慰霊祭が芦屋市六麓荘の「萬山亭」で行われた。広大な敷地の正面は芦屋市、裏口は西宮市だ。多くの報道陣が中内をマークした。中内はベンツをいつもの場所に停め、別の車で西宮側出口から、杉浦が待つ大阪のホテルへ直行した。

宮島が予約した部屋で杉浦、球団社長の道本と中内、そして鈴木が会談した。

「コーチの編成もなにもかもすべてを任せる。強いチームを作るため、どうしてもあなたが必要だ、監督をお願いする」

こうして杉浦を口説き落とした中内は、午後4時から神戸のホテルで監督就任を発表した。

「やっぱり嘘はいかん」

トップ会談、杉浦との監督就任交渉などを無事にすませ、あとは10月1日のオーナー会議の承認を待つばかりの中内には、頭の痛い問題があった。問題が表面化したあとの広報対応だ。

この夏、業務提携を控えた企業の株をめぐる「疑惑」がマスコミを賑わせていた。

7月29日朝から三協精機の株価が高騰、一時は前日比100円高の1100円、出来高は前場で前日全体の8倍に達したため東証は後場の取引を停止した。午後4時、三協は新日鉄との業務提携を発表し、翌日からは3日連続ストップ高となった。

大蔵省と東証が調査に乗り出した。提携契約は6月末に仮調印され、発表までに両社の34人が株を買ったことが分かった。数人は提携担当者である。東証が調査結果を発表、各マスコミは8月27日の朝刊で灰色の株取引を大きく伝えた。

この年5月、大蔵省は業務提携などの重要情報を知り得る立場の者が、情報公表前にその会社の有価証券を売買することを「インサイダー（内部者）取引」として禁止、違反者に刑事罰を科す改正証券取引法を公布したばかりだった。

今回のケースは、改正法に触れそうな事例だったが、「公表」の細則が未定だったため法は施行前だった。調査に限界があり、疑惑は不問に付された。マスコミは提携から発表までひと月かかったことがこうした灰色の取引を招いたと指摘、重要情報の早期公表を求めていた。

ダイエー・南海問題はまさにこの翌日の朝刊で複数紙が特報した。中内、吉村の両トップは強い口調で全面否定してきたが、一転して9月14日、球団売買で基本合意したと別々に発表した。特ダネを2週間以上も「全面否定」した広報対応は適切だったのか。

9月28日、経団連広報委員会は、特ダネ報道が証券取引法の「重要事実公表」にあたるか否かを、企業の立場で協議したが結論は出なかった。

中内は経団連広報委員長として、公表について「企業とマスコミが話しあうことが大切」と、差しさわりがない抽象論を語った。

ダイエーの一連の広報対応を「ミスリード」「アンフェア」と厳しく質された中内は「マスコミが騒いで、球団を買わざるを得なくなった。南海の申し出を受けて決めた」と、最初の「全面否定」を正当化し、「状況に応じて君子豹変するのが経営者だ」と強調した。

中内は一方で、注目すべき発言もしていた。

「オーナー会議の了解を得て、やっと売買が成立する。だから、情報が早く出て困った」

M&Aによる球団の買収や新規参入は、一般社会よりも一段厳しい球界の規制がある。売買に合意してもオーナー会議の承認がなければリーグ戦に参加できない。

中内発言は、ダイエーの南海買収が報道されたときは、「両社間で基本合意に達しており、オーナー会議の承認待ちだった」ことをはからずも示唆していた。

このほかにも中内は、微妙な発言をしていた。これまで中内と吉村が「13日に新聞を読んだ中内が電話し大筋合意した」と揃って語った内容を、経団連の会見で「九月十二日に初めて南海側の（買収）申し込みがあり、十二日に〝その条件ならやります〟と」（「読売新聞」9月29日）と言い換えたのである。これまでの話と不一致な点を質した記者はいなかった。申し入れは実際にはいつなのか。

中内が『経済界』編集長の河合基吉と88年秋季特大号（10月11日発売）で対談している。経団連会見の数日後の対談だろう。

「九月十二日に吉村さんが三条件を出して、それを受け入れるなら譲ってもいいということになりましたから翌十三日に三条件で引き受けましょうとなったのです」

「十二日に申し出があり、十三日に私は北京にいましたから、吉村さんに電話して引き受けますわと言ったんです」

吉村・中内の電話会談は、最初に2人が説明した13日ではないことが、これではっきりした。

福岡市長の桑原敬一は特報が出た当時のことを、11年後に次のように述べている。

「報道陣の取材攻勢に私は最後まで知らないと嘘をつきました。ダイエー側からマスコミが騒ぎ出すと話が壊れると口止めされていたからです」（「毎日新聞」福岡版1999年9月2日）

「中内さんもプロ野球が嫌い、南海のオーナーもありえないと嘘ばかり。『なんでそこまで隠す

とや?』という気も半分ありましたが、業界の常識はそんなものかと約束を守りました」(同)

中内が晩年、執務の合間に、

「勲章(勲一等瑞宝章)をもらったことと、経団連副会長就任は間違いだった。あれで余計なかっこうをつけるようになった」

「経団連広報委員長の時、嘘をついた。やっぱり嘘はいかん」

とつぶやくのを側近の宮島和美が聞いている。

南海が「中内と手を握った」瞬間

ダイエーの初代秘書・広報課長などで40年近くも側近として中内に仕えてきた大友達也は『わがボス中内㓛との1万日』の中で、88年に南海買収へ乗り出す経緯を次のように記している。

「南海電鉄の吉村茂夫社長からダイエーのメインバンクであった三和銀行の赤司俊雄頭取に、経営改善の一環として南海ホークスを売却したいとの提案があった。その話がダイエーの鈴木達郎専務にもち込まれた。中内さんはただちにOKを出し、三和銀行本店で赤司、吉村、中内の三者会談が行なわれた」

当時の相談役の赤司を頭取と書くなど、瑣末な間違いはあるが大筋は、この通りだろう。

ダイエーと高島屋の提携騒動が起きた1981年、三和銀行の赤司が両者間のゴタゴタを仲裁した。それから赤司と中内は縁が深くなった。吉村から球団売却先を相談された赤司が、ワンマンで物事を即断できる中内に南海買収の話を斡旋することは自然の流れだ。

『わがボス』を読むと、88年春にロッテ、南海の資料を見比べた中内が「南海には馴染みがある」（第3章）とつぶやいた〝馴染み〟のひと言がストンと腑に落ちる。
やはり、中内と吉村の間で、大友が指摘したように、88年の春先からすでに話し合いが進んでいたのか。どこかに真相を知る人物がいるはずだ。

長年の沈黙を破って、問題の核心を知る重要人物が口を開いた。２０１７年の春先である。「情報源の秘匿」が絶対条件で、ここではA氏としておく。

古希を超えたA氏は現在も上場企業の役員として第一線にある。88年当時はすでに名門企業の若手幹部として財界活動しており、ある会合で吉村と知り合った。

「子供のころから南海ファン」のA氏と吉村は、すぐに打ち解けて数年が過ぎていた。忙しい立場の２人が久し振りにゴルフを楽しんだある日、同伴者が先に帰り、２人だけで食事をする機会があった。ごく自然に吉村が「中内さんと手を握った」とA氏に語り出した。

「南海ファンのあなたのことだ。驚くといけないから気を鎮めて聞いてください。実は……極秘の話だが、最近ダイエーの中内さんと手を握りました。新空港完成に備えて難波の再開発をやらなアカンのです。大阪球場は使えんようになるし、移転先も大阪にない。いずれは球団を売ることで、中内さんと合意したんや」

「まだ、２人だけの話やし、他言無用の話だ。社内手続きもある。正式に決まるまでは時間がかかるが、２人の責任で合意したから間違いない。ただ、球団の売買や加盟は実行委員会やオーナー会議の承認が必要やから、その前に漏れたらだめになる」

「ダイエーはロッテとも交渉しているらしい。ロッテに決まればもう（球団を手放す）チャンスは来ないだろう。新空港開港、空港線やホテル建設など重要課題が目白押しの今、決断せねば南海グループ全体に大きな禍根が残る」

こう言って吉村は大きく息を吐いた。A氏は「ゴルフは88年5月の連休中」と明言した。

先述した「球団死守」を唱えてきた南海電鉄会長、球団オーナーの川勝傳は、晩年、関西空港の開港をにらみ、球団に対する考えを変えていた。

川勝は87年に上梓した『激動の時代を生きる』で経営の「大局観」を述べていた。

「南海電鉄は93年の空港開港に向け、南大阪エリアの沿線再開発事業を推進する」

「空港問題では南海電鉄の見地から狭い間違った考えを持たないようつとめてきた」

「(新空港に付随する再開発などは)1企業の問題としてではなく、協力したい」

南大阪エリア発展のためには、私企業の立場を離れて協力することを宣言した内容だ。

その後に体調を崩した川勝は、朝日新聞の連載企画「12球団オーナーに聞く」(88年1月)に入院先からも筆談で応じた。

「関西国際空港の玄関口として、大阪球場を含めた難波駅周辺を二十一世紀にふさわしい新しい町に再開発しなければいけない」

「新球場へ移るにしても、交通の便や環境の面など球団経営の諸条件を慎重に検討して決めたい」

球場移転に関する川勝最後の公式発言だが、交通や環境を考えると、球場にふさわしい土地が大阪にないことは、すでにはっきりしていた。

南海電鉄の経営陣は、川勝のさまざまな発言を、難波地区の再開発が南大阪地区の繁栄、電鉄の経営基盤の安定をもたらすなら球団を手放すことも辞さないサインと受け取った。

吉村はしばしば「球団を手放せばグループ内の数社が助かる」「全国の不特定多数のファンを相手にするプロ野球経営が地域産業の電鉄にふさわしいか」との疑問を川勝へぶつけていた

球団の売却が決まったあと、川勝の長男で電鉄代表取締役・副社長の泰司は「父が具体的に指示したわけではないが、将来の売却を考えていたのは事実。吉村社長以下全役員に意向は伝わっていた」(「読売新聞」大阪88年10月4日)と明らかにしている。

吉村が「中内と手を握った」とA氏に明かしたのは川勝の死後だが、吉村ら電鉄経営陣は川勝の意向に背いたわけではなく、川勝の生前から球団を手放す準備を進めていた。実際、瀬戸山の証言にもあるように、88年に入ってから、ダイエーは南海の調査を始め、機密に属す資料も受け取っていた。諸条件が整い、身売りしたのが川勝の死後だった、と解釈すべきだろう。

88年8月に報道で明るみになった後、中内と吉村がその内容を頑強に否定した理由は、すべてがこの連休中の「手を握った」瞬間の約束ごとを大切な出発点とした結果かも知れない。

数多くの企業の買収を手がけてきた中内は、情報漏れが招く悲惨な結果を熟知していた。

大手チェーンストア同士が合併する極秘情報を入手した中内が、前述の大友を通じてマスコミへ流したことがある。書かれた両社は、最後の詰めがあいまいなままに合併を発表し、その後記者会見で合併中止を発表しなおす事態に見舞われた。これは大友がやはり『わがボス』に「マスコミが動くだけで潰れる合併話」として紹介している内容だ。

名門球団売買という未知の分野が成立する最後の関門、「オーナー会議」を前にしてスクープされた両者の困惑は分かる。モノを言えない中で「経営者のカン」を理由に中内からの電話を予告した吉村の精一杯の〝誠意〟も理解できる。球団を持つ長い間の執念が実る直前に報道された中内の困惑も理解できる。「先のことは明日の天気と同じ」も中内なりの軌道修正だろう。

彼らが「ノーコメント」と言い続けても、それも経営者の対応としてやむを得ないことかも知れない。もっともそれものちに説明責任を果たした場合のことだ。

「オーナー会議終了まで厳秘」という互いの約束を守ることももちろん大切だが、企業トップとしてマスコミ、そして世間を2週間あまりミスリードし続けた「嘘」はやはりレッドカードだ。

第5章　パ・リーグ最古球団、阪急の終幕

苦渋の表情で記者会見に現れた阪急・上田監督

「球団売却の工程表を作れ」

1988年9月21日、南海・吉村、ダイエー・中内のトップ会談でダイエーの南海買収は球界の承認手続きを残して実質的に決着した。中内も吉村も、まさか自らの売買を触媒として隠密裏に阪急・オリエント間で進めていた球団売却が急加速するとは想像もしなかっただろう。

オリエントは東京本社社長室長の梶原健司が、宮内と近畿営業本部副部長・西名弘明を結ぶパイプ役となった。西名のいつもと違う動きに役員が盛んに探りを入れてきた。

「なにをやっているのか、好奇の目で探りを入れられた。私は厳秘を貫くため、質問を無視した。社内でもこのことを知っているのは社長の宮内、梶原と私だけのトップシークレットでしたから。絶対に外に漏れないように、言動に注意した」(西名)

9月下旬、副社長の椙西《かじにし》省吾が加わり、宮内―椙西―梶原―西名のラインが秘密を共有した。三和銀行はM&A担当調査役の瀬上が、プロジェクトへ加わった。阪急、オリエント、三和の合同プロジェクトは極秘に作業を進めるために、プロジェクト名を暗号にした。

「かぼちゃとか西瓜、あるいは星だったか樹木だったか。とにかくありきたりで誰が聞いても何も分からないプロジェクト名」を、三和の清水がつけた。

機密保持がどれだけ徹底したか。阪急側の実例を情報の流れを中心に紹介しておく。

阪急のプロジェクトは副社長の菅井基裕の指揮のもと、都市開発部開発課長・古寺永治郎のほかに財務課長の安田通生、総務部総務課文書係長の濱田充が参加した。

菅井は運輸部長の時期に、経理の専門家である安田と、運賃改定問題や運輸部が管轄した西宮球場の運営で意見を交わすなど、多くの仕事を通じて信頼していた。

濱田はある日、安田から、

「副社長の菅井さんが君を呼んでいる」

と告げられた。総務部は5階、役員室は6階である。階段をのぼりながら「他言無用の重大な話だ」と安田は言った。部屋には濱田1人が入り、安田は近くで待機した。

菅井のことばが30年経過してもはっきりと濱田の耳に残っている。

「球団を手放すための作業を君たちにやってもらう。私の直接の命令だ。この件は極秘を貫徹してもらう。阪急でこのことを知っているのは、君のほかは安田君と古寺君の2人だけだ。家族にも親兄弟にも厳秘だ。漏れたら君たちのうちの誰かだから、覚悟してことに当たって欲しい」

〝密命〟を受けた濱田を、安田が待っていた。人目を気にした2人は、うなずいただけで言葉を交わさなかった。この日から、安田と濱田は直属上司にも内密な作業を始めた。日常業務を同じようにこなしながら、重大な密命を進めることは、想像以上の困難さを伴った。

安田は小学校5年まで、大阪球場の近くに住み、南海ファンだった。

「鶴岡さんの時代です。南海は杉浦投手がいた。シーズンを38勝4敗で優勝して巨人を倒し、日本一になった。すごい投手がいると子供心に思ったものです」

杉浦の超人的活躍は1959（昭和34）年、安田10歳の時だった。

大阪球場の急傾斜したスタンド、飯田徳治、杉山光平、岡本伊三美、宅和本司ら往年の懐かしい名選手の名前が次々に飛び出す相当な野球ファンだった。その安田もなぜか、東京へ転居した小学校5年のころから野球への興味が急に薄れてしまった。球団売却の諸作業を命じられた時も、特別の感慨は湧かなかった。むしろ、

「鉄道会社のように、地域の限定的な顧客を相手にする企業より、全国的な不特定多数の顧客を対象にする企業がプロ球団を持つ方が理にかなう」

と、経理マンとして冷静に受け止めた。

京大法学部を卒業した濱田は法務問題、役員会の議事録作成など、重要職務を担当した。菅井が、「これをよく読んで徹底的に勉強して」と、「野球協約」を手渡して、すぐにこう指示した。

「まず、協約上の規定、規則を参考に、球団を売却するための工程表を作るように」

野球協約は、プロ野球球団の買収、新球団結成いずれの場合もオーナー会議の承認が必要と明確に決めている。中内、吉村を悩ませた球界の特別なルールだ。途中で売却情報が洩れれば、古い伝統球団だけに、長年のファンが起こすであろう強い反対運動も懸念される。

実際に南海の身売りが確定的になると、熱狂的なファンは道頓堀で譲渡反対の署名運動を開始。さらに名古屋、川崎でも身売り反対の署名運動が始まり、全国的に拡大する可能性があった。南海電鉄のある幹部の自宅には、猫の死体を投げ込まれ、脅迫電話までかかってきた。

9月21日の中内と吉村初のトップ会談では、「売却反対を叫ぶ南海応援団が押しかける」との不穏な情報が流れ、ホテル周辺は電鉄社員と制服警官合わせて40人が警戒にあたる、物々しい雰囲気の中で開催された。通常の会社の売買や合併で従業員以外からこのような反対運動が、それ

も全国的に起きることなど絶対にありえないことだ。

起こり得る想定外の事態も考え、対策を立てなければならないのがプロ野球の球団売買である。

球界独自のルールや特有のトラブルを頭に入れて、第一歩がスタートした。さっそく濱田は野球に関連した情報を集め出した。野球への知識は「通常以下」という男だ。にわかに野球関係に熱心になれば周囲から疑念を持たれる。これも内密に進めねばならなかった。

球団売却最終ライン10・21

工程表で一番の難問は、最終関門のオーナー会議の承認をいつ求めるかだった。

コミッショナー事務局が、10月1日のオーナー会議開催を目指し、日程調整に乗り出したことも安田らはいち早く知った。しかし、突然浮上した阪急の身売り話はまだ緒に就いたばかりで、球団の身売りをその会議にかける時間はない。

各球団オーナーは多忙な身だ。それでも、「他球団と同じ年に2番手で目立たぬように」身売りするためには、10月中のオーナー会議開催が必要だった。調べると、過去に日本選手権の直前または当日にも4回、会議が開かれていた。プロ野球のチャンピオンを決める日本選手権は、各オーナーも関心があり、それだけに一堂に会しやすい場である。

88年は10月22日（土）、セの本拠地で開催が決まっていた。ここを逃せば、年内開催は難しく新球団の承認期限にはまず間に合わない。

工程表に日本選手権前夜の「10・21オーナー会議、球団売却承認最終日」と書きこんだ。それ以上後へはずらせないギリギリの日程だ。それは、新球団ダイエーが誕生する1日から20日までの間に、マスコミに秘匿したまま一気にことを運ぶことを意味した。

新入団選手を選択するプロ野球ドラフト会議は11月24日、東京のホテルグランドパレスで開催される。当時のドラフトは、獲得希望が重複した場合は交渉球団を抽選で決める現在と同じ方式である。監督、コーチ、スカウトを交えて獲得希望選手を決め、少なくともドラフト会議より早い段階で球団の意志を選手に伝える必要がある。

新球団誕生がドラフト指名後になれば、獲得したい選手へは阪急が意志を伝え、ドラフト指名、獲得交渉という段階になって新球団が乗り出すことになる。選手から「話が違う。私が行きたい球団は阪急だった」と拒否される可能性もあり、新球団の面目は結成直後から丸つぶれだ。醜態をさけるため、1日でも早く新球団名を世間へ公表することも、プロジェクト内で一致した。球団の売買成立までには超えねばならない事務的作業がいくつもあった。

実務者同士で合意内容を最後にすりあわせる場は、東京の三和銀行本店で開催することにした。一方で、関西の人目を気にした。阪急電鉄の関係会社のうち、数社の最高幹部には事前に説明が必要だ。ただし説明の順番を間違えるとトラブルのもとになる。

M&Aなどの交渉事では、最初に草案を作成した方が主導権を握りやすい。プロ球界の事情に精通した阪急が基本合意書を作成するのは当然で、これも安田と濱田の役割だった。

2人は、合意書に盛り込む価格以外の球団売却条件をどう表現するか、悩んでいた。

電鉄社長兼球団オーナーの小林は、菅井を通じて次のように伝えてきた。

球団売却後も、少なくとも2~3年間は新球団に西宮球場を利用してもらいたい。地元の商店街などはプロ野球が西宮球場で行われることを前提として営業を始めたところも多い。

急に野球がなくなると生活への影響も出るだろう。新球団が球場を利用している間に、阪急電鉄が球場を中心とした西宮北口周辺の再開発構想を固める時間も必要だった。

阪急ファンの反発を少しでも和らげるため、長年ファンに親しまれた「ブレーブス」をそのまま使ってもらうことも望んだ。西宮球場とともに、ブレーブスの名が残れば、阪急ファンの喪失感はある程度は緩和される。

監督の上田利治には、できれば新球団へ変っても指揮をとらせたい。選手の育成、教育方針などは継続が何よりも必要とみたからだ。

しかし、監督留任を売却条件とすることがふさわしいのか。

「小林さんの優しさからの案だろうが、上田さんが嫌だと言ったらどうなるのや。ブレーブス名を残したい気持ちも分かるが、向こうも球団を持ったら考えている名前もあるやろう」

安田らの問題意識に、菅井も理解を示した。

「西宮球場の継続使用は必要条件、監督留任とブレーブスは要望。そう分けて考えよう」

こうして、小林の3つの要望に、濃淡をつけた原案が完成した。実際には、原案完成より早い9月11日、上田の監督留任を小林が早々と発表した。88年シーズン、阪急は開幕直後に1勝9敗と大きくつまずき、5月には7連敗、8月は6連敗。留任発表当日も西宮球場で首位西武に完敗、最下位ロッテに0・5差まで迫られた5位に沈み、上田の進退が注目されていた。

危機的状況下でオーナー小林が自ら会見し、

「上田監督のもとで、常に優勝を狙うチームを作るため、早い時期に（続投を）決め、全面支援を固く約束した」

と留任理由を明らかにした。進行中の球団売却交渉をカモフラージュする一手か。早目の発表で、監督留任を既成事実化して、新球団の体制が円滑に固まることを願ったものか。あるいはオリエントからブレーブス買収の意志が非公式に伝えられた9月9日、宮内が上田の留任を希望、小林が誠意を示すため、留任を発表したとも考えられる。真相は不明だが、上田が「阪急ブレーブス」の監督として留任したことだけは、はっきりしている。

基本合意書を作るにしても機密を守るため、安田と濱田は日曜日の出社が多くなった。当時はまだパソコンではなく、事務処理は会社にだけあるワープロに頼る時代だった。

西宮球場とブレーブス名の継続使用、監督留任などを「条件」「強い願い」として濱田がワープロを打ち、横で見守る安田が字句を点検した。

身売りをいつ発表するか

オリエント・阪急の買収交渉は水面下で順調に進んでいたが、特に関係会社の重鎮への説明、発表時期をいつにするか。説明の順番も含めて、新しい悩みが次々に生まれた。

阪急の安田、濱田のコンビは、特に重要な電鉄関連企業をピックアップした。それぞれの幹部に球団売却を知らせる際の説明と想定問答なども作成した。売却する球団価格の算出は、三和銀行へ一任した。安田はその経緯を振り返って言った。

「正直に言えば、積み重ねて値段をつける様なシロモノではない。球団の大事な財産である選手はそっくり向こうへ移る。昭和11年に出来た球団だから、資本金も微々たるものだし、阪急ブレーブスは数年来、赤字が続いていた。評価できる資産はなく銀行一任が無難だった」

濱田も評価資産ゼロの球団をどう売却するか、気にしていた。

「あるものは阪急ブレーブスという球団名です。球団名と、リーグ優勝や日本シリーズ制覇など、球団として積み重ねてきた伝統と歴史をどう評価するかでしょう。いわばのれん代ですが、私たちでは評価しにくい。三和銀行へお願いしました」

阪急神戸線の西宮北口駅前に広がる一等地の一帯には、本拠地の西宮球場、第二球場、合宿所までが備わっている。これだけの充実した施設は、12球団の中でも群を抜き、莫大な資産価値があるが、所有者は親会社の阪急電鉄だ。名門球団である阪急ブレーブスといっても、所有する動産、不動産は事実上ゼロ。球団単体として毎年続く赤字は、南海ホークスと同じだ。

南海買収が事実上決まった段階で、ダイエーの中内㓛は、球団の買収価格について次のような発言までしていた。

「のしをつけて、ただでもらってもいいくらいだよ。南海は売りたくてしようがないのだから……」(「朝日新聞」9月16日)

この発言に対して、南海電鉄内部からは強い反発が出た。球団社長の道本があるルートから中内の発言自粛を求めた、とされる。

南海吉村とのトップ会談を前に、随分思い切った物言いだが、球団の実状だけを考えれば、この発言は許容範囲に収まる内容だ。しかし、その一方でプロ野球の球団は必ず支え続ける多数のファンがついている。ファンに親しまれた球団名があり、ユニホームがある。伝統がある。これこそが数字そのもので測る動産、不動産とは違った、球団固有の、無形の〝のれん代〟である。

阪急は南海に比べ、球団創立が2年早い。優勝回数は1リーグ時代に阪急0、南海2、パ・リーグ制覇はともに10回、日本一になった回数は南海2、阪急3と、ほぼ互角だ。

中内が「ただでもいいくらいだ」とうそぶいた南海買収金額は三和銀行の仲介で30億円に落ち着いた。保有資産なし、毎年赤字営業でも、試合のたびに確実にマスコミが報じる宣伝効果、知名度、さらには応援で関連会社を含む従業員の心を1つにするスポーツの力などが、譲渡代金30億円の評価へつながった。

三和銀行が阪急、オリエント両社へ示した譲渡金額も「ダイエー・南海の取引と同じ額だった」と、清水は断言した。

ダイエーの買収額は当初、報知新聞が60億円と伝え、マスコミの一部が追随した。しかし、結局は30億円だったことがこれではっきりした。

金額さえ決まれば、工程表にしたがった新球団名を公表する準備を速やかに進めねばならない。東京の三和銀行本店で基本合意書の最終的すり合わせと、その後の作業をつめる担当者会議が開かれた。阪急からは古寺と濱田が出席し、合意書はさしたる質疑もなく承認された。

基本合意が成立した段階で、両社トップが直接対面して改めて合意書を確認、その席に三和銀行頭取の渡辺滉に立ち会ってもらうことも、合わせて確認された。

米国・アトランタに出張中だった渡辺滉の滞在先のホテルへ、阪急、オリエントの両社首脳から、10月7日（現地6日）、別々に渡辺の秘書を通じて要望が伝わった。双方が「球団売買の合意成立」を報告、「できるだけ早い段階」で、最終確認の場へ、渡辺の同席を懇請していた。

「西宮球場の継続使用」「球団名ブレーブス」も電話で知り、渡辺は進展の速さに驚いた。阪急とオリエントが基本合意するセレモニーは、10月14日開催がすぐに決まった。

阪急の小林と菅井は、〝最後の関門〟と位置付けた、有力企業数社のトップ訪問を始めた。強く反対されても、すでに渡辺が同席するセレモニーの時期と場所が決まり外堀は埋まった。ここまでくればいかなる反対があっても十分に説得できる自信もあった。

関連会社のある社長は、小林と菅井による球団売却の説明を静かに聞いていたが「14日に渡辺頭取の立ち会いを得て最終合意します」と説明されて、急ピッチで進む球団売却の速さに驚きのあまりに飛び上がりそうになったという。

14日午前10時、三和銀行は渡辺とM＆A事業開発部長・鈴木征夫、阪急からは小林、菅井、オリエントの宮内、楫西の６人が、東京のホテルオークラの一室に集まった。

小さく「三和銀行さま」と廊下に掲示された会場は、テーブルなし、椅子だけが準備された。渡辺が合意書を読み上げ、小林、宮内が握手して〝儀式〟は終わった。ブレーブスをオリエントへ売却することが第三者渡辺の立ち会いで正式に確認された。わずか30分ほどだった。

この日から21日のオーナー会議の直前までならいつでも公表が出来る体制は整った。しかしパ・リーグの優勝争いは、西武と近鉄の間で、激しさを増していた。その盛り上がりを邪魔する発表は避けたい。阪急電鉄首脳は、激しさをます優勝争いに焦りの色を濃くしていた。

身売り直前に初の宣伝ビデオ

極秘に進む阪急ブレーブスの売却話を、球団自体は全く知らない。電鉄本社は、最初から西宮球場を運営する電鉄事業部と球団を「最後まで知らせない」グループに仕分けしていた。ともに激しい反対が予想され、情報が外へ漏れる危険性が高いからだ。

皮肉なことに、情報無風地帯におかれたために、球団業務は平年にも増して順調に進んだ。10月15日、ドラフトで獲得したい選手や関係者へ、球団の素晴らしさを説明した宣伝用ビデオが完成した。球団創設52年目にして初の試みで、総額1000万円をかけて500本を製作した。

若者に人気抜群の東宝のスター沢口靖子が、緑の内野とバックスクリーンが写った西宮球場を背景に微笑む写真に赤く「Ｌｅｔｓ' Ｇｏ Ｂｒａｖｅｓ」と書かれたビデオのカバーは、いかにも若者が飛びつきそうなものに仕上がっていた。

ビデオは、67年からのリーグ3連覇、75年から3年連続日本一の劇的シーンに続き、山田久志、福本豊ら、花形選手の迫力あるプレーが画面に躍った。西宮球場の整頓された室内ロッカー、トレーナー室、トレーニングルーム。球場に隣接した天然芝の二軍練習場、合宿所など、ブレーブスが誇る充実した施設を次々に紹介して、球団のPRは終わる。

続いて阪急の帽子をかぶった沢口が、百貨店、劇場、ホテルなど、巨大な阪急コンツェルンの全容を紹介して魅力を強調する周到さだ。

監督の上田が「これから活力あふれる球団で一緒にプレーしませんか」と呼びかけたあと、全国を6地域にわけて阪急のスターがユニホーム姿で登場。出身校、球団を語り、選手に親近感を持たせる〝地域版〟もついたきめ細かな内容だった。北海道の球児には佐藤義則、星野伸之、東北は山田久志、関西は福本豊、九州は松永浩美らが登場した。

名門球団の知名度アップを目ざして、オーナー小林が発案したものだ。スカウトたちは地域ごとのビデオを手に、奮い立って各地へ飛んだ。球団社長の土田善久も「従来不人気の球団も、これで若者の心をわしづかみできる」とスカウトを督励した。

時のチーフスカウトは矢野清だった。矢野は八幡浜高から阪急へ入団、1969（昭和44）年の阪急黄金期に、3本のサヨナラ本塁打を放った強打者で、引退後フロントへ転じた。

後に矢野が宣伝ビデオを社会人野球の関係者へ配るため、東京で活動中に球団の身売りが発表された。すでに数人の社会人関係者へビデオを配り終えたあとだった。

「青天の霹靂とは、あの時の私たちでしょう。ホテルへ戻って身売りを知らされ、愕然としました。阪急はこんなに素晴らしい球団だ、経営は安定しているところを、ビデオで良く見てくださいと説明したばかりなのに、球団が、忽然と無くなった。惨めな気持ちで、渡したばかりのビデオを回収した記憶があります。あんな体験は私たちだけです」

矢野の話には実感がこもっていた。

阪急売却を中内が知っていたら……

阪急電鉄が球団売却を極秘に進めていたことを中内はずっと知らなかった。中内側近の大友達也は前述した『わがボス……』で阪急の話が南海より先ならば「中内さんは阪急を買い、神戸をフランチャイズにした」と書いている。というのも、中内が阪急の創業者・小林一三を「偉大な企業家」として私淑していたからだ。

中内が目指した「清く正しく美しい球団」は、「小林一三或るところ、すべての会社や集団が『清く正しく美しく』を目指して進むことになってきた」（『わが小林一三　清く正しく美しく』）と語られるように、阪急グループ全体が目指した象徴的な言葉である。

小林は1907（明治40）年、箕面有馬電気鉄道（現阪急電鉄）の創業に参加した。時に34歳。これを手はじめに絶えず新しいアイディアで新規の事業を生み出した。

箕面鉄道の梅田―宝塚間を開通させ、未開の宝塚へ人を呼ぶため少女の「宝塚唱歌隊」（現宝塚歌劇団）を編成、「宝塚大劇場」を24年に作った。沿線では10年年賦で住宅を販売した。

1920年、梅田―神戸間の神戸線を開通させ、日本初のターミナルデパート「阪急百貨店」（29年）、東京宝塚劇場（34年）、東宝映画（37年）など次々に新規事業を始めた。

「阪急百貨店」は20銭の「ライスカレー」を売り物とした。子牛を買い入れて農家に育成させ、安い牛肉を販売した。直営工場の製品を阪急で売り、自社ブランドまで開発して流通機構を近代化した。こうして、物価の安さをアピール、富裕層中心の百貨店商法を大きく変えた。

そして職業野球団結成だ。小林が初の欧米旅行中の35（昭和10）年10月、「阪神が職業野球団を結成する」急報を受け、球団結成を即決した。「かねて計画した西宮北口にグラウンドを作り職業野球団を設ける方針が漏れたのではないか」、「運動場と合わせ至急職業野球団を設置するよう電報を打った」（『小林一三日記』）。

中内は、小林一三を「人が住んでいないところへ電車を走らせ住宅用地を開発する。大衆相手の日銭の入る商売も、ターミナル百貨店とか大衆レストランの業態を新しく産み出した」（『中内㓛　何のために闘うか』）と敬意を払い、常に後ろ姿を追い続けた。

事業欲とスピード感で似ているところが多い中内が阪急ブレーブスを買い、神戸を本拠地とする可能性は本当にあったのだろうか。

球団買収を目指す中で「アジアの玄関」福岡に魅かれた中内は、福岡市長から「埋め立て地にドーム球場を作って欲しい。議会の承認を得て土地を安く分けたい」と言われ、日本初の開閉式ドーム建設へ一直線に突き進んだ。本業で牛肉の安売り、自社ブランド、ホテル経営など小林の足跡を追い続けた中内は、日本一の球場と球団を持つことで野球の面で小林を「超える」夢を持とうとしたことは間違いではないだろう。

中内が南海を買収した年に開業した東京ドームは、前身の後楽園球場に続いて巨人と日本ハムが本拠地として共同使用した。両チームの集客力には圧倒的な差があり、87年の後楽園球場の入場者は巨人が史上初の大台を超えて304万に対し日ハムは124万だった。

東京ドームが開場した88年、巨人は339万人と1割以上増え、日本ハムはほぼ倍増の246万人とパで初の200万を超えて、一気に球界2位へ躍り出た。セではこの年もヤクルト、阪神、中日が200万を突破したが、全盛時代に差し掛かった西武は189万人で全体の7位だった。

日ハムのチーム成績は前年同様に3位である。チーム打率最下位、ベスト10入りもイースラーただ1人、西崎幸広、松浦宏明が最多勝、河野博文が防御率1位の投手力中心の地味なチームだった。爆発的な人気を呼ぶ要素はなく、観客倍増のすべての要因はドーム球場だった。

かねて、野球が持つ膨大な集客力に注目していた中内にとって、シーズン中の日本ハムの観客倍増が、ドーム球場の建設用地を確保できる福岡への進出意欲を駆り立てる大きな要因になった。

阪急は、球団売却の条件の1つが西宮球場の継続使用だった。開閉式ドーム建設とは両立しない。西宮球場へ止まれば在阪球団の過密状況も解決不能だ。側近の大友が指摘した「情報が早ければ阪急」はありそうな話ではあるが、実際にはありえない話だった。

阪急ブレーブス身売りの感想を聞かれた中内は「福岡の球団誘致の盛り上がりや地方の時代か

ら福岡を本拠にした。日本もこれから地方で市民球団を持ち、野球人気がさらに上がるアメリカのような形に変わっていく」と、阪急とは全く無関係なことを語っている。

パ・リーグ終盤の日程変更

88年のパ・リーグは西武が開幕以来、首位を独走、数ゲーム差で近鉄が2位へついて夏が過ぎた。

9月13日、西武・近鉄3連戦（西武球場）は初戦で、東尾修が近鉄を散発3安打、与四球1で完封し、両チームの差は6ゲームに開いた。パの優勝争いは決着したかに見えた。

しかし、翌日からの西武戦2試合が雨で中止になると、近鉄は息を吹き返した。近鉄が日ハムに3連勝した間に、飛び石日程の西武は、ロッテに1勝しただけで、ゲーム差は再び5へ戻った。

20日（火）からの25節。西武は2勝3敗中止1。7試合予定された近鉄は、4勝0敗中止3。ゲーム差は2・5まで接近した。振り続く雨の中、天皇陛下のご容態悪化に皇居坂下門の記帳所を傘の波が埋め尽くした週で、野球も雨に直撃されて、両リーグの10試合が中止された。

27日からの26節も、雨は止まなかった。

両リーグで9試合が中止された。近鉄は2勝1敗中止2、西武は1勝2敗中止2。ゲーム差は1・5差へ縮まった。消化が遅れていたロッテVS近鉄戦は26日から節をまたいで4連戦（川崎球場）が組まれたが、3試合は降雨中止、1試合しか消化できなかった。

首位争いが続く西武の残り試合は11、近鉄は17。

パ・リーグは、日本シリーズに備え、遅くとも19日の優勝決定を目指し、日程調整を進めていた。達成するには、V争いする近鉄が4日から19日までの16日間で17試合を消化しなければならない。9試合も残る対ロッテ戦の編成が難問だったが、試合数と最終期限が決まっている以上は、有効な解決策などはなく、連盟は窮地に立たされた。

ロッテは10月4、5日に大阪、7、8日は川崎で南海4連戦が組まれていた。6日は大阪球場の2連戦の予備日だった。東京滞在中の近鉄は4、5日に東京ドームで日ハム戦、6日は移動日。追い込まれたパ・リーグは3日、奇想天外な案に行きついた。

ロッテの予備日と近鉄の移動日が重なる6日にロッテVS近鉄戦（川崎）を行う追加日程を発表したのである。もし、大阪球場の南海VSロッテ2連戦が、ひと試合でも流れれば、予備日を充てるため、ロッテVS近鉄戦を自動的に取り消すという、ファンや選手の都合を全く無視した前代未聞のめちゃくちゃな日程だった。

これによって近鉄は4日から16日連続17連戦が一応決まった。選手の都合も考えない3日前の追加日程に近鉄球団代表・前田泰男は激怒した。営業部長吉川孝に、

「16日間も連戦が続いたら、チームが大変だ。断って来い！」

と厳命した。6日の試合をあとへ回せば、2連戦、1日休んで13日間15連戦だ。最終盤の過密日程は変わらない。それでも吉川は連盟へ前田の意向を伝えたが、

「最終盤の日程は連盟会長が管理、判断する内規があり、追加日程は動かせなかった」（吉川）

近鉄は3日の移動日に予定していた全体練習を中止し、超過密日程へ備えていた。

皮肉にも南海VSロッテ戦が雨で1試合流れ、予備日の6日に行われた。近鉄の終盤の日程は13日間15連戦へ逆戻りしたが、残り試合の日程はまだ決まらなかった。

パが近鉄の日程編成に神経を遣った理由は、ゲーム差と残り試合数の関係からだ。追加日程が決まった時、残り試合が首位西武より6試合多い近鉄が1・5差まで迫っていた。

両チームの試合消化、勝敗が全く同じペースで進めば、西武は1・5差をつけた首位のまま、全日程を終え、近鉄は6試合が残る。そこで近鉄が5勝すれば0・5差で近鉄が逆転優勝する。それだけに日程編成には極めて機動的かつ慎重な対応が求められた。

大阪の朝日放送（以下ABC）スポーツ局次長兼スポーツ部長・高田五三郎は9月末の川崎のロッテVS近鉄戦3試合が流れたあと、

「このカードが、恐らくパの最後に回り、優勝を決める大一番になる」

と確信した。ABCは阪神と近鉄の試合中継に熱を入れ、定時番組「近鉄アワー」を長く続けていた。

テレビ中継の許認可は主催球団が持つ。高田は近鉄の吉川を通じて川崎球場のロッテ戦の中継が可能なのかを探ってもらった。予想外の追加日程に近鉄の前田が激怒していたころだ。ロッテ側からは「東京のテレビ局から申し込みがなければ、中継OK」の返事が届いた。

近鉄、驚異の快進撃

近鉄は10月5日、小野和義が日本ハムを完封、4月18日以来、170日ぶりに単独首位の座を奪った。ゲーム差なし、勝率で1厘上回る、薄氷のトップだ。前日、2位ながら試合数の関係で点灯した近鉄のマジックは、残り15試合で13へ減った。

西武はここから踏ん張った。7、8両日は近鉄に連勝、2ゲーム差をつけ首位を奪い返す。それでも残り試合が多い近鉄のマジックはまだ点灯していた。その後、近鉄は藤井寺、川崎と続いたロッテとの5日(9〜13日)連続6連戦を全勝した。

最後まで決まらなかった近鉄の日程は11日、ようやく17日阪急(西宮)、18〜19日ロッテ(川崎)3連戦が組み込まれた。すでにロッテ戦の中継権を得ていたABCにとっては願ってもない展開だ。あとはパの優勝争いがいつまで続くかにすべてがかかっていた。

近鉄は14日に阪急(藤井寺)も破り7連勝、ゲーム差0・5で首位を守りぬいた。ここで西武は残り試合2。残り6の近鉄はマジック5。混戦の度合いは増すばかりだった。

この日、三和銀行頭取の立ち会いのもとで球団売買の基本合意が成立したばかりの阪急、オリエントの首脳部は、激しさを増すペナント争いを当惑しながら見守るしかなかった。

15日は南海ホークスが、本拠地の大阪球場で球団として文字通りの最後の一戦を近鉄と交える。近鉄は優勝をかけ、南海は御大の鶴岡一人をはじめ、往年の大スターが観戦する前での、お別れ試合である。いくらなんでもその日に球団売買は発表できない。16日は近鉄の試合の結果次第で、西武の優勝が決まる可能性がある。めでたい日の発表は、自粛すべきではないか。

あれこれ考え、発表は早くても17日以降とすることで両社の思惑が14日夜には一致した。

15日、大阪球場は満員の観衆の前で1点を争う大熱戦の末、岸川勝也の決勝2ランで南海が有終の美を飾った。6×―4。近鉄にすれば、敵地の大観衆の前で南海が、歴史を閉じる記念の最終戦、完全アウェーのなかで初めからハンディを背負った戦いで、雰囲気に圧倒された。

「こっちは優勝目前、南海は本拠地の試合がこれで最後、選手全体の空気がしぼんでいた」

とは、営業部長・吉川の思い出だ。球団代表の前田までが、見かねてベンチ裏から「今頑張らんとどうするんや、負けるな!」と叫ぶほど、近鉄のベンチは静かなまま戦い敗れた。

ベンチから試合を観戦した、エースの阿波野秀幸も振り返る。

「初めから凄まじい圧迫感があり、すべてが、いつもとは違っていた。ある面では仕方がない、織り込みずみのような敗戦でした」

監督の杉浦が、満員の観衆を前に、

「ホークスは不滅です。福岡へ行ってまいります」

と挨拶した。記者団に囲まれた鶴岡は、

「これも時代の流れ、仕方ないわ」

と声を絞りだした。近鉄が追う西武も、日本ハムに敗れた。近鉄は残り5試合でマジック4。

16日、西武は本拠地で阪急を2×―1で破り、首位のまま全日程を終了した。本拠地・藤井寺へ戻った近鉄も、前日と逆のスコア、6×―4で南海に雪辱した。近鉄は残り4戦でマジック3が灯った。優勝決定はまた延びて18日以降となった。

阪急監督の上田は、

「西武に目いっぱいぶつかった。明日も近鉄に全力で勝ちにいくで」

と上機嫌に語った。実はこの前日の15日、上田は電鉄秘書室から、

「17日午前11時、社長室へ来るように」

と呼び出されていた。そしてその約束の日時――。

「私がこれから話すことは、19日まで誰にも喋っちゃいかん。実は球団を手放すことにした」

球団オーナーの小林が、淡々と球団売却を告げた。間もなく見慣れない男性が入ってきた。

「こちらの方が新しくオーナーに就任する、オリエント・リース社長の宮内さんだ」

挨拶をすませた宮内はさっそく、引き続き新球団を指揮してほしいと要望した。すべてが知らない世界で進んでいた。

「頭が混乱しています。しばらく時間をください」

上田は手短に答えた。その瞬間、「夢を見ているのか」「うちではない。別の球団名を聞き間違えたか」と思った。

事情も飲みこめないままに社長室を出て、上田は西宮球場へ向かった。先ほど小林は確かに「球団を手放す」と言った。紹介された宮内が「引き続き監督を」と頼んで来た。すべて目の前で起きた紛れもない現実だった。上田はその実体験が信じられなかった。

西宮球場で我に返った。上田は勝負に徹する監督だ。阪急がシーズンに躓いたのは西宮球場の開幕戦で近鉄に3連敗したことが大きかった。以後も阪急は西宮で近鉄に勝てず、8戦全敗のまま、きょうが近鉄最終戦である。このままでは来シーズンに影響する。それは新球団のマイナスになるだろう。本拠地8戦全敗の屈辱をなんとしても晴らしておかねばならない。勝負師としての上田の闘争本能に火がついた。

「全力で勝ちに行くで」

前日の発言通りに、上田は近鉄が苦手とする左腕の軟投派・星野伸之を先発させた。2年前も優勝目前の首位の近鉄は、129試合目で星野の軟投に敗れ、西武が逆転優勝している。

再現を狙った上田の狙いは的中した。近鉄のエース、阿波野も譲らず息詰まる投手戦は6回裏、阪急の石嶺和彦が左中間に22号2ランを放ち、両軍無得点の均衡を破った。

近鉄もブライアントが31号で追いすがったが及ばず、阪急が2×―1で逃げ切った。近鉄は残り3試合、マジック3はまだ点灯していた。

試合終了後、上田は、

「複雑な気持ちやなー、近鉄はまだ3つ勝てば優勝できるんやろ」

と述べた。その表情に前日のような晴れやかさはなかった。南海の身売りが報じられた当時、

「シーズン中に大変やろ。体にだけは注意して頑張らなあかんで」

と、南海監督の杉浦に真っ先に電話したのは上田だった。

阪急球団社長の土田は、15日に球団売却を小林から知らされた。小林は「絶対極秘」と口止めして球団売却を伝えた。土田と上田に対し、一度で済むはずの情報伝達に時間差をつけた。同じことを同時に2人に伝えるより、分断して伝えた方が秘密は保持されることは言うまでもない。

阪急の身売りが発表まで全く外部へ漏れなかったのは、こうした細心の情報管理を徹底したことも一因だろう。

闘将上田の「知」と「情」

上田はパ・リーグのために闘い抜いた名将だった。

77年10月26日、宿敵、巨人相手の日本選手権第4戦9回表、敵地の後楽園球場で阪急が同点に追いついた瞬間、喜びに沸くベンチで上田の怒声が響き渡った。

西宮球場で連敗した巨人は、前日の第3戦を延長12回裏、河埜和正のサヨナラ本塁打で初勝利、

この日も勝てば五分どころか、本拠地3連勝まで見えて来る大一番だった。巨人は8回裏、張本勲の本塁打で勝ち越すと張本を下げて、レフトに好守の二宮至を起用、逃げ切りをはかった。

9回表、阪急も二死無走者から代打、藤井栄治が四球を選び簑田浩二を代走に送った。

「1年前の選手権は、ベンチで王さんのフラミンゴ打法を見て背筋が凍りましたね。怖いほどの圧迫感があり、正直グラウンドへ出たくないと思ったほどでした。2年目は勝負所の代走でチャンスがあれば走れと言われていました。ベンチで重かった体が一塁へ小走りしたせいか、ベースに立った時には急に軽く感じたのを覚えています」。簑田の述懐である。

盗塁した簑田は代打高井保弘のレフト前への痛打で本塁へ突入した。猛ダッシュした二宮がワンバウンドで打球をつかんだ。三塁ベースを鋭角に回りながら、簑田は三塁手・高田繁を見た。

「打球の速さ、強肩二宮の守備位置から完全なアウトですよ。でも二死です。イチかバチかで突入した。高田さんは送球ラインに正対していた。普通は送球ラインから少し外れ、半身で構える。その方がカットでもスルー（ノーカット）でも素早く対応できる」

二宮は素晴らしい球を投げた。「やった！　アウトだと確信しました」。二宮の話だ。

捕手の吉田孝が叫んだ。「よーし！」。ノーカットの指示だ。送球方向に合わせ、吉田は本塁の少し右前へ動いた。そこで捕球して倒れこめば簑田をブロックできる。とっさの判断だった。

大歓声に遮られ吉田の声は高田に届かなかった。二宮の〝快速球〟が正対した高田のグラブへ飛び込んだ。ドンピシャのストライク、捕らなければワンバウンドで本塁へ達した球だ。

正対して捕球したあと反転した高田の本塁送球は一瞬遅れて本塁左側へそれた。

「最初は吉田が本塁右（一塁側）へ出た。逆に球審は左に動き、ラインの外へ立った。ほんの少しの空間ができた。アウトは仕方ない。そこへ足から滑ろうと思った。（それた送球に合わせ）吉田も左へ寄って空間が急に狭くなった。やばい！　球審にぶつかる、そう思いました。意識的にライン外へ出て、そこからわずかな隙間を狙って、カギ型に手から突っ込みました」

ヘルメットを飛ばし、簑田は左手指を精一杯伸ばしてベースに触れた。セーフ、同点。あまりに見事な走路変更とヘッドスライディングの同点劇にベンチは沸き返った。

歓喜のベンチで鳴り響いた上田の怒声が、今も簑田の耳に残る。

「おい！　蓑田！」

監督が褒めてくれるだろうと近くへ行った簑田は、怒鳴られた。

「遅いじゃないか。投球は真ん中だ。二塁におったんやからコース分かるやろ。ゾーンへボールが行ったら走らんかい。スタートが遅い。一歩早ければ楽に生還できた！」

同点に追いついただけだ。勝負はこれから。上田の怒声にはそんな意味があった。この後阪急は連打に四球、巨人の守備の乱れも重なって4点を奪い大逆転した。2―5。巨人は簑田の神がかり的な走塁に敗れた。

阪急は勢いに乗り第5戦を6―3で完勝、上田は監督就任4年目で早くも3年連続日本一の偉業を達成した。上田の初Vは75年。球団創設26年目で初優勝した広島相手に4勝0敗2分と圧勝、76年は前年最下位から初優勝した長嶋巨人を4勝3敗で下していた。

簑田の好走塁の前、一瞬のスタートの遅れを見抜いて厳しく指摘した上田の「知」が、阪急ベンチ全体に緊張感を抱かせた結果の3連覇だった。

その上田も4連覇をかけた78年の選手権で一瞬の「情」に流されてヤクルトに敗れた。

ヤクルトVS阪急の日本選手権の分岐点はこの年も第4戦だった。

阪急2勝1敗で迎えた西宮球場の試合は、5―4と阪急がリード、最終回のヤクルトは二死無走者から伊勢孝夫が内野安打した。広岡は代走、上田は投手交代を告げるため2、3秒の差でそれぞれのベンチを出た。わずかに広岡が早かった。

広岡が球審へ代走を告げている間に上田は進路をマウンドへ変えた。好投した今井雄太郎をねぎらうためだった。シーズン中にない行動である。「よう投げた。ご苦労さん。ヤマに代えるぞ」。捕手の中沢伸二が「まだ行けます」と叫び、今井も続投を申し出た。すでに2アウト。あと1つ、アウトをとればいい。ブルペンでは絶対的エースの山田久志がアナウンスを待ち構えていた。

しかし――上田は今井の気迫に押されて続投させてしまう。すぐ結果に跳ね返った。次のヒルトンが今井の低めカーブを泳ぎながらレフトへ放り込んだ。6―5。9回二死無走者から奇跡的な逆転勝ちだった。阪急は寸前で王手を逃し両軍タイになった。

第7戦までもつれ込んだ選手権はヤクルトが4―0で快勝、選手権初出場、日本一を達成した。

上田は阪急監督を辞任、後に「監督論」を堺市市民会館で講演（79年7月6日）している。

「4連覇を達成しよう。今まで以上の練習が必要だ。敵は巨人ではない。戦う敵は阪急球団、自分自身のゆるみやおごりだ、とナインを督励してキャンプから戦ってきた」

「今井続投は完全に私のミスです。今井は後半戦のチームを支えた。私は30日以上、体調不良で後半戦を休み、選手へ負い目があった。指揮官は非情に決断せよという鉄則を守れなかった」

「寒い冬から頑張り、立派な城ができる寸前に自分の決断の甘さで全部パーにした」

上田の胸中には勝負の鉄則を忘れた一瞬の迷いへの悔いがまだ、強く残っていた。

88年10月、優勝目前の近鉄に勝って上田が口にした「複雑な気持ち」——。

それは、負けられない状況の中で2年前に続き、また阪急に敗れた近鉄ナインの無念さ。

やがて身売りを知る阪急ナインの傷心。

身売りを知りながら、ナインに知らせることが出来ない自身の非情な立場。

一途にパ・リーグのためを思いながら戦ってきた過去の感慨。

日本選手権直前の身売り発表が、優勝を競う近鉄と西武ナインに与える心の傷……。

すべてが混じりあった複雑さだった。

「あと3つ勝てばいい」——敵将の上田に言われた近鉄は、ロッテ3連戦の第1試合を12—2で大勝、マジック2で19日の公式戦最終戦のダブルヘッダーに運命をかけることになった。一方のロッテは残り6戦で1つの引き分けか敗戦の瞬間に単独最下位確定と、真逆の立場だ。

ABCはスポーツ部長・高田五三郎はじめアナウンサーの安部憲幸、西野義和、解説に近鉄の元監督・岡本伊三美、好打の元外野手・小川亨、ディレクター古川知行らを送りこんだ。中継車はテレビ朝日から借り、カメラは都内の製作会社と初のコンビを組んで大一番に備えた。

「近鉄優勝の瞬間を伝えたい」彼らは19日の晴天をひたすら願った。

第6章　そして迎えた、伝説のダブルヘッダー

優勝の夢が消えて頭をかかえる近鉄・仰木監督（中央）

壮烈なドラマ第1戦

素晴らしい秋空が広がる19日、立場こそ違え、互いに勝たねばならない戦いが始まった。

「お前を休ませたいが、大事な試合だ。率を考えるが、最初から行くぞ」と、首位打者争いを続ける高沢秀昭を4番においた打線に、なんと偵察要員まで起用した。近鉄も同じだった。

「スタメンに驚いた。監督は本気で勝ちに行っていましたね」

投手コーチの木樽正明は、偵察要員の投入に監督有藤道世の勝利へのあくなき執念を感じた。

近鉄小野、ロッテ小川博が先発した試合は早くも初回にロッテの主砲・愛甲猛の2ランが飛び出した。先頭の西村徳文が安打、佐藤兼伊知が送ったあとの本塁打だった。2回、偵察要員から代わった6番の田野倉利行がヒットを打つと、また送った。

なんとしても勝ちたい有藤の采配に、小川博が応えた。5回二死から鈴木貴久の一発を浴びるまでパーフェクト、7回を終えて無四球、7三振、許した安打は鈴木の本塁打だけだった。

7回裏、バックスクリーンの後方が茜色に染まった。試合開始直後には一塁側を少しだけ覆った鉄塔の影は、レフトの奥まで伸び、内野全体をスタンドの影が包んだ。

ライト後方に建つマンションは、屋上も外階段も、試合を遠望する野球ファンで身動きできなくなった。秋の気配が濃く漂う球場の内外に熱気が渦巻いていた。

ロッテは二死二塁から、佐藤がセンターへ浅い飛球を打った。懸命に突っ込み、いっぱいに伸ばした中堅・鈴木のグラブからこぼれて後方へ転がるボールを、右翼のブライアントが猛烈な勢いで追いかけて止めた。しかし走者生還、3―1。差は2点に広がった。

8回表。近鉄は一死後、鈴木がライトへ2本目のヒット、代打・加藤正樹が歩いた。ここで代打・村上隆行が両手に白手袋、いつもの姿で打席に入った。

「ずっと小川の同じ投球パターンにやられていた。その配球を頭に入れて狙い球を絞った」

「読み通りでした。初球カーブのストライクを見送り、2球目のワンバウンドのシンカーを思い切り空振りして気持ちが楽になった。3球目インハイのストレートが来た。これは次のカーブの布石だ。8割の確率でカーブが来る」

4球目、狙ったカーブが高めに来た。村上がフルスイング、ジャストミートした打球は左中間フェンスの最上部に当たって跳ね返った。大二塁打で2者生還、近鉄はとうとう追いついた。

仰木は一気に勝負に出た。村上の代走に安達俊也、真喜志康永の代打、左の好打者栗橋茂は三振した。近鉄はあきらめない。大石と新井が小川に14球投げさせて連続四球を選んで二死満塁とチャンスを広げたが、頼みのブライアントは三振した。

大げさにいえば、川崎球場は、近鉄村上の同点二塁打から第2試合が終わるまで、野球の神が差配し続けたとしか思えないような、ドラマチックな場面が連続した。球場を埋め尽くしたファンは、目の前で展開される予測不能のドラマに、ただただ酔い続けることになる。

9回二死から夢つながる

近鉄は8回裏、リリーフエース吉井理人を起用。代打、代走を大量に起用した関係から、捕手は古久保健二、サード尾上旭、ショート安達、センター加藤正。鈴木はセンターからライトへまわり、実に6つのポジションが一度に変わった。

ロッテは先頭の高沢を、上川誠二に代えた。首位打者を争う高沢は速球に遅れ、変化球に泳いで3打席凡退した。このまま出せば首位打者獲得は危ない。元首位打者、有藤の親心だ。

上川凡退、安打したマドロックに代走伊藤史生を送るも後続が倒れ、ロッテは無得点。

当時のパ・リーグには、①ダブルヘッダーの第1戦は、延長戦なし9回打ち切り②ひと試合4時間を超えて新しいイニングに入らない——とする2つのルールがあった。

9回表。近鉄の攻撃に「0」が記録された瞬間に西武の優勝が決まる。マジック2の近鉄は連勝するほかに優勝への道はなかった。

このことに気がついた三塁側スタンドの近鉄ファンから、ざわめきが起きた。両手を合わせる姿が増えた。互いに抱き合う女性ファンもまた目立った。午後から西武球場で練習していた西武ナインは、一塁側ベンチに座り、ラジオの実況中継に耳をすましていた。

9回表の守りについたロッテ守備陣形も大移動した。捕手は斉藤巧から小山昭吉へ、高沢に代る中堅は強肩の内野手森田芳彦、右翼は田野倉の代打、岡部明一がそのまま入り、ライトの愛甲が一塁へ回った。一塁側ブルペンではリリーフエースの牛島信彦が投球練習を始めた。

近鉄は一死から淡口憲治が右中間フェンス最上段に当たる二塁打を打ち、ベース上でガッツポーズした。代走に俊足の佐藤純一。彼が本塁を踏めばまだ優勝の可能性が残る。一塁コーチ、藤瀬史朗が「ライナーだけ気をつけろ。併殺を食ったらおしまいだ」と注意した。ロッテは守護神・牛島が登板した。これでロッテも9回表に5人目のポジション変更だ。

続く鈴木が、牛島の2球目を、ライト左横へこの日3本目のヒットをはじき返した。ライナーの併殺を警戒した佐藤のスタートが、少しだけ遅れた。三塁コーチ、滝内彌瑞生の右手がぐるぐる回った。俊足の佐藤は左足でベースをターン、加速して一気に本塁を狙った。

佐藤がベースを蹴る直前、前進してボールをつかんだロッテの右翼、岡部が、小さなモーションから低く速い球を、本塁へ投げた。近鉄ベンチは全員が立ち上がった。目の前を疾風のように駆け抜ける佐藤を見て、勝利を確信した。飛び上がる選手もいた。

ロッテの三塁手、水上善雄は冷静だった。

「あ、走塁に失敗したなと思った。あの痛烈な当たりでは、普通はベース直前でほんの少し速度を緩めて様子を見る。二死ならまだしもワンアウトですよ。三塁を蹴って横目でボールの動きを感じる。焦って余裕がなくなると、あのような一目散の走塁になるのです」

ショートの佐藤も思いは同じだった。

「川崎の外野は狭いから守備も浅くなる。打球の速さと岡部が捕球した位置から三塁でストップするとみた。打者走者の鈴木の進塁を防ぐため、私は二塁カバーへ向かった。小山は本塁前でボールを捕り、二塁へ投げると瞬間的に判断した」

三塁を蹴り、5、6歩走った佐藤は岡部からの白球が小山のミットに吸い込まれたのを見た。反転、三塁へ戻りかけた。小山が追った。ボールが水上へ渡った。今度は水上が猛烈なスピードで追い、小山へボールを投げた。佐藤は再びターン、水上を追い越して三塁へ向かった。三塁はがら空き、追うのは小山だ。

「その瞬間、三塁セーフだと思った。防具をつけミットを持った捕手が追いかけてきたが、足に自信があった。しかし足が動かない。三塁へつんのめるようにヘッドスライディングした。手がベースにつく前にどんと馬乗りにタッチされた。なぜ追いつかれたか。いまだに分からない」

水上は三塁守備位置へ戻りながら、その場に座りこんでいた佐藤の泥まみれの表情を観察した。

「なんと表現したらいいのか。取り返しがつかないことをした放心状態。人生でなかなか味わえないような顔をして涙が出ていた。今でも似顔絵が描けるほど強い印象がある」

挟殺の間に二進した鈴木も、ベース上で座り込んだ。二死二塁。延長戦なし。絶望にも似た重い空気がベンチを包んでいた。

「もう終わった」。鈴木だけでなく、監督の仰木も覚悟した。それでも仰木は背筋をピンと伸ばし、いつもの凜とした姿勢を崩さなかった。表情も変えなかった。佐藤は帽子を深くかぶり、泣いていた。二死二塁、近鉄のチャンスは潰えた……かに見えた。

筋書きのないドラマはまだ続く。

ロッテは、捕手を経験豊富な袴田英利にスイッチした。この回6人目の守備交代だ。近鉄ベンチ前では梨田昌孝がバットを振り続けていた。すでに引退を決めていた梨田はこれが最後と、腹をくくっていた。仰木はベンチ前で佇立したままだ。長い時間が過ぎた。

「シーズン中のさまざまな出来事や梨田の野球人生にも思いを馳せて、時間がかかった」

のちに仰木が明かしたこの時の心境である。梨田にとっては、

「ここは自分しかいない。なぜ代打を告げないか。自分で監督へ言おうと思った」ほどに長い時間だった。正確には佐藤のアウトから梨田が打席に立つまでは2分20秒もかかった。

梨田は2球目を、センターへはじき返した。内野が専門の森田は、打たれた瞬間一歩下がり、あわてて前進、ワンバウンドで捕り、強肩にまかせた送球は三塁側へ少し逸れた。

捕手・袴田が捕球し、本塁へ突っ込む鈴木めがけて飛びついた。鈴木は体を投手側へよじって右手で本塁へタッチした。球審の橘修の手が低く、水平に動いた。4―3。近鉄は、負けられぬ試合で初めて、土壇場にリードを奪った。同時に、球場全体に万歳が沸き起こり、色とりどりのテープが投げ込まれた。川崎球場が、あたかも近鉄のホームグラウンドと化した。

コーチの中西太が巨体を揺らして鈴木に抱きついた。次打者の安達も2人に飛びついた。勢い余った中西と鈴木は、抱き合ったままグラウンドをベンチの方向へ転がった。サヨナラゲームならともかく、まだ勝負はついていない。

野球には目に見えない流れがある。近鉄が勝負をかけた代走の佐藤が憤死した時点で、普通は近鉄の勢いは止まる。それがまた起き上がって、ついに勝ち越し点を奪った。

高沢は、狂喜する近鉄ナインの表情をベンチからをじっと眺めた。

「こんなことってあるんだ、近鉄は悪い流れを断ち切る力がある……このシーンは一生忘れないと思いましたね。あそこで近鉄がこらえたことが特別な試合、仕組まれたような次の試合の始まりでした」

9回裏、近鉄が逃げ切れば優勝へ王手、同時にロッテは屈辱の単独最下位が決まる。

近鉄は新しく殊勲打の梨田を捕手、代走の佐藤がセンター、羽田耕一が一塁へ入り、新井がレフトへ回った。8回に続いてまた4人のポジションが変わった。仰木必死の采配だ。

ロッテは袴田の代打に若い小柄な左打者丸山一仁を送った。丸山はファウルを2本打ち、吉井に8球投げさせて四球を選んだ。7、8球目はコーナーぎりぎりだった。

吉井が右手で審判を指差しながら、険しい顔でマウンドを降りてきた。近鉄ナインが吉井を囲んで暴発を押さえ、仰木もマウンドで吉井をなだめた。次の代打・山本功児への2球がいずれもボールと判定され、吉井は平常心を失った。仰木がまたベンチを出た。ラインをまたぐ前に2回、3回足踏みをしてマウンドへ向かった。ラインをまたげば投手交代だ。

ブルペンでは、阿波野がジャンパーを羽織ったまま投げていた。権藤は迷った。これが「一度だけの登板だ」。権藤は阿波野を登板させた。2日前、120球の全力投球の疲れが阿波野にはまだ残っていた。「ブルペンで投げるボールが200グラムにも300グラムにも感じた」。阿波野の体感だが、実際のボールは141・7グラムから148・8グラムの間である。

シーズンで初めて救援へ向かう阿波野は、ゆっくりマウンドへ向かった。途中で何度も唇をなめた。そして仰木と同じようにラインの前で立ち止まった。

「白いラインを超えれば投げなければいけない。吉井のあとで投げるとは、考えてなかったから少し躊躇した。ラインをまたぐかどうか、ラインの前でゆっくり足踏みした」

だが、そこはエースだ。ボール2つからの登板でも、山本を高いバウンドの二塁ゴロに打ち取った。深い守備位置から突っ込む二塁・大石大二郎と、走者の丸山が交錯、2人とも倒れた。

仰木と有藤が同時にベンチを飛び出した。仰木は「うちの選手になにをする！」と、丸山を激しくなじり守備妨害、逆に有藤は走塁妨害をアピールした。

二塁塁審の斎田忠利が素早く丸山を指して右手を上げた。守備妨害で丸山アウト。なおも丸山に詰め寄ろうとする仰木を、控え投手の石本貴昭が押しとどめた。

石本はまだ26歳、２年連続（85、86）最優秀救援投手も、この年は調子が上がらず勝負所の出番は減った。それでも勝ちたい思いが、いつの間にか石本をベンチから飛び出させた。

続く西村は三振。そして佐藤がレフト線へ痛打した。二塁打コースだ。一塁走者山本は三塁へ。ABC中継で、解説を務めていた元近鉄監督の岡本伊三美は「クッション誤らんように……」と短い、祈る様な言葉を発した。マウンドの阿波野も思いは同じだった。

「フェンスの下は劣化していて、不規則に跳ね返ることが多い。危ないと思ったけど新井さんがフェンスに達する前にうまく止めてくれた」

二死二、三塁。ベンチを出た仰木が、バックスクリーンを指した。夜空へはためく旗、風への注意だった。

「こういう時はフライがいい」。岡本が低い声でつぶやいた。岡本は試合後半の荒れたグラウンドのイレギュラーを心配していた。選手、ベンチに加え、近鉄ＯＢも一丸となってロッテと戦っていた。愛甲デッドボール、二死満塁。打者は９回から守りについた森田。

森田はファウル、見逃し、空振りで３球三振。試合終了。ロッテ単独最下位が決まった。

「あの打席ははっきり覚えています。前の守備で送球が少し逸れた。その悔しさを取り返したかった。今でも空振りしたスクリューの切れが鮮明に蘇ります」

試合終了は午後６時21分、ともに偵察要員１人を含み、近鉄22人、ロッテは20人を使った総力戦だった。３打数無安打の高沢と阪急松永との差は２厘３毛まで縮まった。あと４打数無安打ならば松永に逆転される。チームは単独最下位が決まった。無理して高沢を出場させる必要はない。しかし、川崎球場は超満員だ。胴上げは見たくない。有藤の悩みは増すばかりだった。

◇ロッテ・近鉄25回戦　試合開始午後3時　終了6時21分

近鉄　000　010　021　4

ロッテ200　000　100　3

本塁打　愛甲17号　鈴木20号

勝利・吉井　10勝2敗24S　セーブ阿波野14勝12敗1S

敗戦・牛島　1勝6敗25S

「野球の使命を達成」阪急身売り発表

川崎球場で優勝をかけた近鉄が死力を振り絞っていた19日午後5時。阪急ブレーブスの売却が、大阪・梅田の新阪急ホテルで電撃的に発表された。

球団を買収するオリエントは、社長の宮内義彦と新球団社長の近藤靖夫、阪急は電鉄社長、球団オーナーの小林公平と球団社長の土田善久が、200人超の報道陣を前に会見した。

川崎球場は熱闘に沸き返っていた。球団オーナーの小林は、その熱闘とは全く無関係に、野球との別れをよどみなく語った。

「2年前に球団創設50周年を迎え、我々はプロ野球を通じたスポーツ振興の使命を達成した。以来、球団経営を再検討してきた。親しい関係先のオリエント・リースと話がまとまり、決断した」


「球団は（阪急グループのシンボル的存在として）強くなければならなかった」

「地域的な企業より、全国的、国際的な企業の方が、球団経営にはベターだと思います」

宮内は新社名の「オリックス」を交えて饒舌だった。

「来年創業25周年を迎え、会社も充実してきた。存在を知ってもらうには、プロ球団経営は最適でプラスになる。来春には関連企業名を含め、オリックスに統一する関係から、許されるならば球団名をオリックス・ブレーブスとしたい」

「金融サービスを中心に広範な分野で活動し、個人分野への事業も拡大した。国民的スポーツの野球を通じ、社会とのつながりを深めて社会へ貢献したい」

交渉経過について2人は、「8月20日過ぎ」に、オリエント側の企画担当者から球団譲渡の打診を受けて、阪急側の「西宮球場の継続使用」などの条件をオリエントが受け入れた。10月14日、三和銀頭取渡辺滉を加えたトップ会談で、基本合意書をかわした——と説明した。宮古島から始まった詳細な経過には全く触れなかった。

小林は、1月に球団オーナーに就任した際、

「強く楽しい球団にする。観客席の椅子も一部変えた。パーティーをしながら観戦できるようにザ・ラウンジという小部屋も設けた。プロ野球はこんなに楽しいという魅力を見せつけたい」

と抱負を語っていた。従来にない柔軟な発想に期待も大きかったが、わずか9か月後に〝変心〟した理由はどこにあるか。球団の慢性的な赤字、南海の身売りとの関連も質された。小林は、

「経営的に負担になったわけではない。世の中が（球団創立時から）だんだん変わってきた。南

海身売りがスクープされた時は、困ったなと思った。南海の身売りとは関係がない」と答えた。

「南海の身売り報道でなぜ困ったのか」。その質問はなく困る理由も明かさなかった。

小林の発言は、南海身売りが表面化した8月28日には阪急・オリエント間の水面下の話し合いが始まっていたことを示唆している。報道されたことで南海の身売りが流れれば、身売りの〝2番手〟を目指す阪急の計画も破綻する。だから「困る」と感じたのだろう。

宮内は西宮球場の継続使用を「阪急ファンにも応援してもらいたいから」と説明した。

淡々と饒舌。対照的な口調で語る2人の横で球団社長の土田は涙を流していた。1年前に電鉄本社から出向、まだ1年も経っていない。3年連続100万人の入場者目標を達成した。来場した小学生に手紙を出し、目標達成のため一丸となった努力も今は虚しい。

「これからという時に、本当に残念です」

そう語って絶句し、顔をハンカチで拭いた。土田は4日前の15日に球団売却を告げられ、眠れない日々を過ごしてきた。少年時代に阪急のエース・天保義夫に憧れ、日ごろから「球団社長というより、ブレーブスファン」を公言していただけに、無念さを隠せなかった。

新社長の近藤は、

「すべてが全くの白紙。球団事務所をどこへ置くか、ユニホーム、オーナー会議など、やるべき問題が目の前に山積している。前向きに頑張る。今、言えることはそれだけです」

三和銀行頭取渡辺が立ち会い、両社の基本合意が成立した14日に、近藤は球団社長就任を命じられた。「寝耳に水」と仰天したことも明らかにした。

近鉄が優勝をかけて死闘を演じている最中の重大発表である。ほかに選択肢はなかったのか。

実際に阪急は発表時期をめぐって悶々とした時間を過ごしてきた。前述したように阪急、オリエント間では、激しい優勝争いを考えて「発表は17日以降」とすることで14日に意見が一致した。しかし、西武が全日程を終了した16日は近鉄も勝ち、残り4試合でマジック3はともったままだった。仮に17日に近鉄が阪急に敗れても西武の優勝は決まらず、その日の発表も消えた。あとは18、19日しかない。

阪急はさぞ、慌てたことだろう。厳秘を通してきたため、球団売却の承認を得るはずの、10月21日開催のオーナー会議さえ、まだ要請していなかった。本来ならば開催通知は3週間前までに議題を明示して各オーナーへ届いてなければならない。議題になければ、球団売却は議決できないからだ。もう最後の土壇場である。推測だが、おそらく18日はオーナーはじめ、球団幹部が総出して各球団を走り回り、オーナー会議への出席を懇請したに違いない。

実際に事務局から各球団へ「株式会社阪急ブレーブス球団譲渡に関する件」としたオーナー会議開催通知は、異例にも会議2日前の10月19日に出された。そして当日出席したオーナーはわずか7人、代行が3人。議決権がないオーナー臨時代理が2人だった。

「大事な時に……選手やファンにすまない」

ブレーブスの球団事務所では午後3時、常務の甲斐奎三郎が、

「ブレーブスの身売りを5時から発表する。詳しい理由は承知していない」

と、職員へ伝えた。

セ・リーグ会長の川島廣守は午後4時半、報道陣に「今初めて身売りを聞いた。何がなんだか

さっぱり分からん。コメントしようがない」と驚きをあらわにした。

東京浜松町の世界貿易センタービルのオリエントでは、社員が午後5時の記者会見と同時に、球団買収を知らされた。詳しいいきさつは誰も知らない。

詰めかけた報道陣に「何も聞いていません」「今聞いたばかり」と繰り返しながら用意されていた資料を配った。資料には「西宮球場とブレーブスの名を継続使用」「上田監督に引き続き指揮を依頼」などと書かれていた。

衝撃の新阪急ホテルの会見は午後6時前に終わった。

球団社長の土田は、そのまま豊中の千里阪急ホテルへ直行した。監督の上田と午後6時半からの記者会見に臨むためだ。上田は先ほど終わったロッテ・近鉄の激戦をテレビで観戦した。土俵ぎわからの凄まじい近鉄の逆転勝利が強く印象に残った。これから近鉄は優勝を目指して最終戦を戦う。まさにその時に球団身売りの記者会見をしなければならない辛い役割である。


上田には日本シリーズの最中に、球団売買騒動に巻き込まれた苦い経験があった。阪急が巨人軍に5度目の挑戦をした72（昭和47）年、闘将・西本幸雄のもと、ヘッドコーチだった。

日本シリーズ開幕日の10月21日、一般紙、スポーツ紙に衝撃の記事があふれた。

パ・リーグが置かれた状況を「いよいよピンチ　2球団身売り暗礁　1リーグ制へ拍車」（『朝日新聞』）、「最大ピンチ　西鉄、東映宙に浮く　1リーグ制、再燃か」（『毎日新聞』）、「6球団制ピンチ　西鉄、解散の非常事態　東映も身売り」（『読売新聞』）。

スポーツ紙にはパ・リーグの「崩壊」、「消滅」、「1リーグ実現」の見出しと「『ロ映西』『急南近』」の合併案が一面に並んだ。プロ野球の一番大切な日になぜこんなことが起きたのか。

実は人気、営業成績に低迷する西鉄と東映が、夏ころから球団の肩代わり先を政財界に顔が広いロッテ球団オーナーの中村長芳に頼んでいた。中村は20日、「パの全オーナーから頼まれた某球団の譲渡先は8割までまとまった」と記者会見し、6時間後にすべて撤回した。

これでリーグの解体・消滅報道がシリーズ開幕当日の各紙にあふれたのだった。

阪急の宿舎にマスコミが殺到した。3球団合併なら多数の選手が球団を追われる。阪急代表の渓間秀典は「わが球団が合併することは絶対にない。諸君はただシリーズに集中せよ」と、選手を励ました。長嶋茂雄が「え？　日本シリーズは今年が最後か」と驚くほどだから、阪急選手の動揺の激しさはこんなものではあるまい。

阪急は初戦から凡プレーが続出、巨人に1勝4敗と惨敗した。


上田は阪急身売りが近鉄ナインに与えるインパクトの大きさを自分の体験に重ねていた。

「一番大事なシーズンの優勝を決める試合をやっている時に、こういう球団身売りの記者会見をやらなきゃならない。近鉄さん、西武さん、パ・リーグファンの皆さん、闘っている選手たちに本当に申し訳ない」

深々と頭を下げた上田の目は、光っていた。

上田は、今回の身売りは数年来のチーム不振が遠因にあると考え、責任を痛感していた。留任要請は「身に余る光栄だが、気持ちの整理がつかない。1週間がめど」と語るにとどめた。一方、ブレーブス、野球、選手すべてが「好きだ」と、揺れる胸中も語った。

阪急身売りの衝撃の大きさを、上田の師匠でもある西本幸雄はこう言い切った。

「いろんなことが野球界にはあるが、こんな大きなショックを受けたのは初めてだ。12球団の中でまさか阪急が……。上田監督の留任も決まり、来季も頑張ると思っていた。なぜ、身売りしなければならないか、大きな疑問がある」

完全にガードされた阪急の身売り情報を、事前に知らされた球界関係者は、パ・リーグ会長の堀新助ただ1人だった。

ダイエーの南海買収をオーナー会議が正式承認した10月1日、小林は堀と会って、

「球団をオリエント・リースへ売却する。オリエント・リースは国際的な事業を展開、国内では不特定多数の個人相手に様々な分野に進出している企業であり、地域性が強い阪急より、球界進出のメリットが大きい」

と、理解を求めた。球団売却理由を南海ホークスオーナーの吉村が、

「当社は大阪の会社だが、ダイエーは全国的企業でファン層が広がり球界のプラスになる」

と語った数時間後、阪急の小林も同じ売却理由を口にした。産業構造の大転換が続いていた。

冒頭から波乱含みの第2戦

川崎球場の第2試合は、20分後の午後6時41分開始の予定だった。

試合を待つ間も、両チームは思い思いに時間を過ごした。

近鉄では負傷欠場中の金村義明が、ロッカーで選手1人ひとりの手を握り「俺の分も頼む」と頭を下げ続けた。いつも冗談を言う金村の真剣な表情に、多くの選手が「果たし合い」を感じた。

阿波野は第2試合も投げるつもりでマッサージを受けた。トレーナーが「腕も腰も張っているが最後だ。まだ大丈夫」と励ました。阿波野が阪急の身売りを知ったのはこの後だった。

「第1試合で熱くなったものがスッと冷めた。こんな大事な時に、まさかうちはないよね。話をしているうち、〝始まるぞ〟と声がかかり、我に返った」

13日連続15連戦の最終試合を前に、淡口は巨人軍在籍中に監督の長嶋茂雄から受けた、超積極的アドバイス「好機に回って来たら打てる、チャンスはもらったと考えよ」を思い出していた。

ロッテサイドも活気にあふれていた。近鉄が勝ち越した瞬間に中西と鈴木が抱き合って狂喜した姿が選手の闘争心にはっきり火をつけた。近鉄に敗れ、単独最下位が決まったことはすっかり忘れ、ただ近鉄に勝ちたい、胴上げは許さない気持ちで選手が1つになった。

「満員の熱気と、緊迫した試合で第1戦途中から、アスリートの負けじ魂にポツポツとスイッチが入ってきた。2戦目を待つロッカーの雰囲気は、それ以上の熱気に満ちていた」

チームリーダー水上の弁である。

投手コーチの木樽は「総力戦で今度の試合を取る」と投手陣にゲキを飛ばし、翌日の南海戦先発を伝えていた関清和に「お前もつぎ込む」と、登板を準備させた。

関はチームの雰囲気を「消化試合だったはずが、いつの間にか日本選手権のようになった」と語った。入団2年目の関は、日本選手権の出場経験がない。それでもあえて「選手権」と口走ったのは、この試合に臨んだ選手全員が、一投一打のたびに発する歓声やため息に異常な緊迫感があり、未知の選手権の雰囲気を想像したからだろう。

第2試合の先発は、ロッテが左腕の3年目左腕、園川一美。近鉄は新人の高柳出己。園川は日体大時代の85年、日米大学選手権で抑えのエースとして5試合を連投、2年ぶり5度目の優勝に導きMVPに輝いた左腕投手だ。3日ほど前、木樽から近鉄との最終戦が優勝のかかる大一番となれば、「お前が先発だ」と言われて調整してきた。

高柳は第1試合の途中でベンチからロッカーへ下がった。「異常な興奮状態に巻き込まれないよう」仰木が指示した。〝隔離〟が解かれた高柳は第2試合までの待ち時間を利用し満員の観衆で埋まった外野スタンドの前を走った。「身も心も軽くすっきりした」状態で試合に臨んだ。

球場のどこかで、婚約者と高柳の妹が見守っているはずだった。実際は満員の球場に容易に入れず「こんどの試合で投げる高柳の家族だ」と家族証を出して哀願した結果、辛うじてギュウギュウ詰めの球場の一角に入場できたそうだ。

定刻を3分過ぎた6時44分、球審・前川芳男がプレーボールを宣告した。

両軍の間には、第1試合最終回に、仰木と有藤が丸山の走塁をめぐり、一触即発の状態になった時の緊張感がそのまま残っていた。初回、近鉄の大石はフルカウントから低めのボールを見送った。前川の判定はストライク。大石が「低いよ！」と言いながら引き上げた。

1回裏一死後、ロッテの2番、佐藤の左手を高柳のシュートが直撃、佐藤は左手を押さえてうずくまった。1試合目に4安打したポイントゲッターの負傷に、有藤が駆け寄った。

「よけられるじゃん」。そう思った高柳は帽子も取らず、謝罪はしなかった。

「痛むか」、有藤の問いかけにも佐藤は無言でうなずき、左手を強く押さえて痛みに耐えていた。

仰木が本塁へ歩み寄って佐藤へ声をかけた。有藤が激しい動作で仰木に指を突きだしたことで、ネット裏からは有藤が怒っているのがはっきり分かった。

仰木は何を言ったのか。そして有藤は？　球審の前川が、一部始終を明らかにした。

「佐藤が相当痛がって、治療に時間がかかった。そこへノコノコ出てきた仰木さんが、もっと早くやれないか、と余計なことを言った。有藤は心配して来ている。言わなきゃいいのにと私は思った。制止する前に有藤が怒った。あんたに言われる覚えはない。絶対負けないからと、もの凄い剣幕で言い返した。これがのちのちまで尾をひいた」

有藤の言い分はこうだ。

「てっきり仰木さんが謝りに来たと思った。そしたら仰木さんの予想外の発言が聞こえた。野球はタテ社会で、仰木さんは大先輩だ。それは十分に承知していたが、あんまりだ。ぶつけておいてなんだ。謝るのが筋でしょう。こうなったら、きょうは絶対に負けんぞと言い返した」

佐藤も仰木発言を「痛いなら早く代れ」と聞き、逆に闘志をかきたてて、プレーを続行した。試合開始直後に両軍監督がグラウンドでやり合う。第1試合もそうだったが、今度は冒頭からの険悪な雰囲気に前途の波乱を思わせた。

2回裏、ロッテはマドロックの弾丸本塁打で先制した。近鉄は園川の速球とカーブに翻弄された。5回まで2安打、1四球、5三振を奪われ、選手にもベンチにもストレスがたまった。

6回表。近鉄先頭の真喜志康永が、外角から中へ入る左腕特有のカーブを見逃して三振した。するとベンチから中西が猛烈な口調で球審の前川へ近づいた。中西を押し止めようとした前川の手を中西が振り払った。仰木もまた、中西と並んで審判団とにらみ合った。その間に近鉄の選手やコーチが割り込み、騒ぎを押さえた。試合が止まったまま、じりじりと時間が過ぎた。

抗議権がない中西がストライク、ボールの判定に文句をつけるのは論外の行為だ。時刻は8時を過ぎ、試合開始から1時間20分ほど経過した。制限の4時間まではまだゆとりがあった。

近鉄はこの回、大石、オグリビーの安打で1―1と追いついた。しかし中西がストライク判定に再びクレームをつけるなど、球場全体の興奮状態は、時間とともに高くなった。

近鉄グループ総帥、球団オーナーの佐伯勇は丸の内の近鉄東京本社から川崎球場へ専用車で向かい、代表の前田泰男、営業部長の吉川孝は8時をめどとした指定場所で御大到着を待った。佐伯は現れなかった。佐伯は球場周辺の車中でじっと待機していた。

「私が行ったら負けるのじゃないか」と球場入りを尻込みし出したという。車の専用電話に連絡してそのことを知った吉川が佐伯を球場へ案内した。吉川は「貴賓室のような場所へ案内した」というが、川崎球場に貴賓室はない。応接室が2階にあるが、グラウンドとは反対側に面している。佐伯がどこかで野球を見たか、野球が見えない応接室で過ごしたか――。不明だ。

CMなし野球中継続行

この日、テレビ朝日は、午後6時からの子供向けのバラエティ番組や、7時20分からの「ニュースシャトル」の中で、ABCの野球中継を随時流した。NHKラジオやラジオ日本が第2試合の熱闘を中継していたため、テレビ朝日には野球中継続行を求める声が殺到した。

社内の各部局は、中継車から送られるロッテVS近鉄戦にくぎ付けで、ヤマ場が来ると拍手、歓声が起こった。殺到する視聴者からの電話、各部局の関心の高さ。

編成局長の斎田祐造のもとには「野球中継を求める電話は数百件」と報告が上がり、斎田は「これは、何もしないわけにはいかない」と考え、9時からのテレ朝の看板番組の1つ「さすらい刑事旅情編」の冒頭部分に15分間、野球中継を割り込ませた。

熱気をはらむ川崎球場で7回表、近鉄に、まさか、まさかの事態が続けざまに起きた。

一死無走者から7番の吹石徳一が、左中間フェンスをぎりぎりに越える本塁打を放った。吹石は前日、シーズン116打席目にやっと第1号を放ったばかり。2日連続の本塁打に、ガッツポーズしながら踊るようにベースを駆け抜けた。

二死無走者から、今度は真喜志だ。前の打席は見逃し三振に倒れた真喜志の打球は、ふわりとライトフェンスをオーバーした。245打席で3本目の本塁打である。

真喜志は一塁を回って大きく飛び跳ねた。長打と縁遠い2人が、優勝がかかる試合の同じイニングに、本塁打を打つとは、だれもが思いつかない奇跡のような出来事だった。

近鉄はとうとう2点を勝ち越した。村上を中心に、近鉄の若手選手が輪になって両足を小刻みに動かし、最後は拍手、万歳する村上ダンスをベンチ前で披露、まるで祭りを思わせた。

高柳の力投は続き、吉井と阿波野が控えていた。真喜志の本塁打が飛び出した瞬間、「これで勝てる。やっと優勝を手元まで手繰り寄せた」。仰木は確信した。西武球場でラジオを聞いていた監督の森祇晶が「近鉄の終盤の頑張りに敬意を表する。不可能を可能にした」とコメントし、球場を後にした。敗戦を覚悟した森は、マイカーに移り、1人黙然とラジオに聞き入った。

ロッテの有藤は、まだ諦めなかった。

「ベンチはシーズン中にない盛り上がりがあった。近鉄の投手陣は連戦の疲れでバテバテだ。今の状態なら、4点まではなんとかなると思った」

午後9時、「さすらい刑事旅情編」を15分先へ延ばしてテレビ朝日による全国中継が、ＡＢＣ製作の画面で始まった。

1—3。2点差を追うロッテ7回裏の攻撃、先頭の岡部が高柳から右中間へ本塁打、古川慎一はレフト線へヒットした。古川は春日部工で高柳、亜細亜大で阿波野のそれぞれ1年先輩だ。

近鉄は高柳をあきらめた。大一番に緊張しっぱなしの高柳は2点リードをもらい、「ふと気が緩んだ状態になった」という。

吉井が再び登板した。第1試合で冷静さを失って降板をした吉井はその後、シャワーを浴び、スパイクを磨いて気分を転換させた。冷静さを取り戻していたが、シーズン50試合目の登板、ボールの切れは取り戻せなかった。袴田がバントで送り、二死二塁から西村がセンターへ同点打、ロッテが追いついた。3—3。

仰木が「手繰り寄せた」はずの優勝は、ロッテの粘りでまた遠のいた。

先行したロッテを近鉄が捉え、さらに逆転、すぐにロッテ同点。第1試合と同じ終盤の白熱した展開に、テレビ朝日は『さすらい刑事』を15分間、再延長した。定時番組を順延する限度は30分という。斎田はついに『さすらい刑事』放映を中止、野球中継の続行を指示し、ＣＭも外した。中継を見ながら斎田は「身を切る様なエライことをしている」思いに何度も苛まれた。

テレ朝の看板番組「ニューースステーション」（以下Ｎステ）は夜10時からだが、試合はまだ8回。

10時を過ぎても試合が続いている可能性が強かった。

事実上の優勝決定戦の〝制限時間〟は4時間ルール。試合は午後10時44分を過ぎて新しい回へ入れず、Nステの放送時間内に十分おさまる。「優勝決定、もしくは逃す決定的瞬間がNステの時間内だ。これは絶対に逃せない」。担当部長の早河洋（現CEO）は判断した。早河は「Nステ」の中で野球中継をすることに、「迷いも悩みもなかった」そうだ。

この夜のNステは、リクルート疑惑初の強制捜査へ7～8分、天皇陛下のご闘病1か月に合わせ数分間、米国のブラックマンデーから1年たったアメリカ証券界の混乱などを15分かける予定だった。そこへ、阪急がオリエントへ身売りするニュースも飛び込んできた。

リクルート疑惑とは、同社の関係会社が未公開株を政財界の要人や秘書に譲渡し、譲渡先は〝濡れ手で粟〟の利益を得たことだ。双方に職務上の利害関係はないか、その国会質問を防ぐため、リクルート側が国会議員に「わいろを申し込み、断られた」前代未聞の容疑だった。

未公開株譲渡にかかわる汚職事件について、最高裁第二小法廷がこの年の7月20日、上告を棄却したことを機に、リクルート疑惑は強い関心を集めた。1972年に摘発された汚職だ。

最高裁決定のポイントは、職務権限が及ぶ相手から「上場後に確実に公開価格を上回る未公開株を公開価格で取得する利益そのものがわいろ」と判断したことだ。

すぐに「朝日」「読売」などが捜査当局への「真相解明を期待」と社説で取り上げた。それから捜索までの間に、前労働省事務次官、NTT取締役ら、それぞれ職務上、リクルート社の事業と密接な関連があった先へも未公開株が流れたことが分かり、疑惑が一段と色濃くなった。

この日の捜索で新たに権限行使が可能な譲渡先が判明すれば、ロッキード事件並みの大事件に発展しかねない。早河は、「10・19は、ニュースの〝特異日〟でしたね」と振り返った。

民放がドラマなどで視聴率を競う午後10時からの時間帯に、85年10月からニュース専用番組として登場した「Nステ」は、視聴率10％以下の低迷が続いたが、スペースシャトル「チャレンジャー号」が爆発、炎上した大惨事（86年1月28日）や、フィリピンの政変による大統領マルコス亡命（86年2月25日）をともに中継して高い視聴率が出た。

早河は「起きていることを伝えた臨場感が視聴者の心をつかんだ」と確信した。そのことが、ニュースの特異日に、野球中継の中にニュース、CMを織り込む破天荒な構成を生んだ。

破天荒といえば文化放送の実況中継も野球の実況中継史に刻まれるべきものだ。大阪のラジオ3局と東京のTBSが第1試合から中継し、近鉄が勝てば4局のほかNHK、ニッポン放送、ラジオ日本も中継予定だった。シーズン中「はっきりいってライオンズびいきです!!」を売り物にしてきた文化放送だけが予定していなかった。

「西武にとって大事な試合をなぜ放送しない」――西武ファンの怒りの声が殺到した。しかし、川崎球場の専用ブースは大阪放送（OBC）に貸し出しており、「今さら無理」だった。

第1試合の終了直前、「とにかく行ってくれ。席はないが頼む」。ライオンズナイター担当の戸谷真人に実況中継の業務命令が出された。戸谷は両耳にイヤホンをさして喋る「接話マイク」を手に、東京・四谷の本社から中継用のFMカーで、川崎球場へ向かった。途中で第1試合の近鉄勝利を聞くことになる。

超満員の川崎球場は喋る場所もない。戸谷はスタンド最上段にある放送席と、その後ろの塀の間にある狭い通路を目指した。通路に人はいなかったが、放送席の屋根に遮られグラウンドが見えない。その時、戸谷が放送席の目の前で、スコアをつけながら観戦する山崎裕之を見つけた。ロッテと西武に在籍、２０００本安打を達成した名二塁手の山崎は、文化放送の野球解説者だ。

さらに近くに警察官待機所があり、数脚のパイプ椅子があった。戸谷は警察官に理由を話し、椅子3脚を借りた。戸谷とスコアラーのほか、「山ちゃん頼む」。

こうして第2試合の途中から、椅子に立ち、放送席の屋根の上に顔だけを出す珍妙なスタイルの野球中継が接話マイクからＦＭカーを通じて、全国へ流れた。

「警察官が笑って見ていた」「椅子に立つと外部と仕切る壁と足の位置があまり変わらない。揺れたら怖いね、と山ちゃんと話しました」――放送の感想を戸谷はこう語った。

「this is プロ野球！」

川崎球場は8回表――。

ワンアウトからブライアントが、ライトスタンドギリギリへ34号本塁打を打ち込み、また近鉄が1点を勝ち越した。打球を追いながら走るブライアントが嬉しそうにぱちんと手を合わせた。近鉄ナインもベンチを飛び出した。互いに肩を叩き、抱き合う顔は喜びでくしゃくしゃだった。

いつもは選手と喜びを分かちあう仰木は違った。ベンチ内で投手コーチの権藤の肩に手をかけてしきりに話しかけていた。喜びが消えた仰木の顔を見た梨田は「あ、監督が1人きりになった」と思った。仰木がはっきり優勝を意識した2度目の瞬間だった。

4月8日の開幕から春、夏、秋を戦い、最後の１３０試合目の8回裏、近鉄は１１４１イニング目の守備についた。これまで３４２１個のアウトを積み重ねてきた。あと2回、６つのアウトを奪い無得点に抑えれば宿願のチャンピオンである。たかが6つはされど6つでもある。

8回裏。近鉄は再び阿波野に託した。完投後の中1日で1試合目にリリーフ登板、打者5人に16球を投げて1点を死守した阿波野は疲労困憊だった。

NHKラジオで解説中だった元近鉄の大エース鈴木啓示が、

「エースの連投。仰木さんも権藤さんも、阿波野にかけましたね。投手冥利に尽きるでしょう」と弾む声で解説した。先頭の愛甲を抑え、一死無走者で4番の高沢を迎えた。Vゴールまであと5つ。高沢はこの試合の2打席目に三遊間安打を放った。これで首位打者に大きく近づいた高沢は「やっと楽な気持ちで打席へ入れるようになった」という。

初球はボール。2、3球目は阿波野のスクリューボールに泳がされ、ボールと10センチ以上離れた空振りが続いた。4球目外角の直球、5球目内角スライダーも外れてフルカウント。

6球目、阿波野のスクリューボールを高沢のバットが捉えた。

ABCアナウンサー、安部憲幸の名調子が、テレ朝の全国ネットで流れた。

「高沢すくう、どうなんだー、熱いライナー、シロー！　と、飛び込んだあ！　高沢とらえた阿波野、沈んだあ。ゲーム白熱します」。4―4、3度目の同点である。

「シロー」は独特の安部語録である。だからか、安部は局内で「アベロクさん」と呼ばれた。直前のブライアントの本塁打をアベロクはこう伝えた。

「詰まってますが、詰まってますが……ズル！　ズル！　ズルーン。ブライアント、パワーで持ってったあー!!」

ブライアントの本塁打で沸き上がった大歓声に比べ、高沢本塁打の瞬間は、球場全体が静まり返り、やがてさざ波のようなざわめきが起きた。その状態が「シロー！」なのか。

一塁側、ロッテ応援席に陣取っていた応援団の横山健一は、本塁打した高沢を和太鼓の三三七拍子と笛で迎えた。応援団としての、いつもの無意識のふるまいだった。

「わあー、やっちゃったよ。わが身に災難が降りかかる」

本心からエライことをしたと思った——周辺を埋め尽くした近鉄ファンの涙、悲しげにうつむく無数の姿に、横山は初めて気がついた。

試合はまた振り出しへ戻った。時に午後9時40分、Nステの開始時間が迫ってきた。

高沢の本塁打で静まり返った川崎球場が9回表、近鉄の攻撃で再び沸いた。二死無走者からトップの大石が左翼線へ痛打し、一気に二塁を陥れた。ここでロッテは関を投入した。

先発の園川から荘勝雄、仁科時成に続き4人目、直前までは20日の南海戦の先発要員だった関が登板して、ロッテ投手陣は底をついた。関にとっての日本選手権だ。

午後10時ジャスト。Nステのオープニング映像が流れ、川崎球場へ変わった。マウンドに投球練習する関がいた。画面左下の小さな枠から、司会の久米宏がいつもの早口で語りかけた。

「水曜日夜10時を回りました。お伝えするニュースが山ほどありますが、パ・リーグの優勝がかかった試合がヤマ場、9回表ツーアウトまで進んでいまして、ここで中継を止めるわけにはいきません」

久米が画面から消えた。左打席に2番の新井宏昌、二塁に大石がいた。新井は前年の首位打者、バットコントロール抜群の巧打者、大石はすでに盗塁王に3回輝いた俊足。二死とはいえ、役者が揃った絶好の得点機だ。

新井はボール1から続けて2球ファウルした。4球目、関の渾身の外角ストレートを新井がバットの芯で正確に捉えた。低く早いゴロが三塁線を襲い、大石が猛スピードで三塁へ。ロッテの三塁手、水上が右後方へ走りライン上の打球に飛びついた。

「ヒット!」「決勝点や! 勝った」近鉄ベンチが沸いた。その瞬間、水上がライン上いっぱいに伸ばした逆シングルのグラブの先端で猛ゴロをつかんだ。

「止める水上!…… this is プコ野球〜! まさに打ちも打ったりアライー、良く止めた水上! 白熱のゲームが好プレーを演出、9回の表が終わりました。4対4の同点です」

安部の実況だ。この間の画面は、新井のゴロを、飛び込んでつかんだ水上が素早く立ち上がり一塁へ大遠投、塁審の高木敏昭が右手を高く上げアウトを宣告。首を振り抗議のため審判へ歩み寄る新井、ベンチへ戻る泥まみれの水上を映していた。画面はまたNステのスタジオへ戻った。

ロッテ、非情の抗議

安部の名調子を久米がすぐさま「this is ニュースステーションでございます」と受けた。

「9回裏までお伝えします。どんなことになるか分かりませんが、伝えるニュースがいっぱいあるし、助けてください」

野球中継が続いた。午後10時6分、試合開始からすでに3時間22分が過ぎた。

9回裏、近鉄は第1試合のヒーロー梨田を捕手に起用した。ロッテは先頭の古川慎一がヒット、袴田のバントは、処理を焦った阿波野と梨田がぶつかり阿波野が転倒した。オールセーフ、無死一、二塁。近鉄の大ピンチだ。阿波野と梨田が口をグラブとミットで覆い、長く話し合った。

次打者は近鉄の勝ち越しを防いだ水上だ。初球はストライク。水上はバントの構えからバットを引いた。2球目、様子をみるため阿波野が投げた二塁牽制は高く左側へ逸れた。阿波野の握力は連投で弱くなり、ボールが抜けたのだ。

「高い、抜けた」。古川が三塁へ向かおうとした瞬間、二塁の大石が信じられない高さまで飛び上がって牽制球をキャッチした。急ぎ二塁へ戻ろうとした古川の背中へ着地しながら大石がタッチした。古川のつま先はベースから10センチは離れていた。

二塁塁審の新屋晃は、ベース後方ショート側から、しっかりプレーを見て確信をもってアウトを宣告した。古川はタッチされた体勢のままベンチを見て「押された」とゼスチャーした。この日何度目か、有藤がベンチから駆け足で飛び出し、新屋へ向かった。10時15分だった。

10時6分に始まったこの回、阿波野は古川へ6球、袴田と水上へそれぞれ1球を投げただけで実に9分が過ぎていた。袴田がバントの構えをすると、阿波野は長いセットから一塁へ2度、牽制球を投げた。バント処理失敗後の阿波野、梨田の長い話し合い、再開後も決勝の走者古川を塁上に置いて、間合いが極端に長くなっていた。

8年ぶりの優勝をかける近鉄ナインが、ピンチを切り抜けるために、万全の体制で臨むのは当然だが、3人の打者に8球投げて9分は、試合の制限時間がある以上、いくらなんでも時間のかけ過ぎだ。そこへ有藤の抗議である。試合は止まったまま、時計の針だけが、非情に進む。

塁審の新屋を囲んで、ロッテの走塁コーチ、選手が大きな輪を作った。水上の次の打者で、ウエイティングサークルにいた二塁手の西村徳文までが新屋を取り囲み、球審の前川も加わった。

「押した、走塁妨害だ」

激しい身振り手振りで有藤の抗議が続いた。審判団は前川を含め「妨害ではない。明らかにプレーの流れの中だ」と譲らなかった。

制限時間が迫る。Nステの画面は有藤の抗議が始まると、スタジオへ切り替わった。久米が試合の制限時間を安部に聞いた。

「4時間のルールが引っかかります。4―4でいきますと近鉄が不利になります。そこまで計算して有藤さんがイジメにかかっているのか」

日ごろから近鉄ファンを公言する安部の、心配そうな声が返ってきた。

スタジオで解説していた日刊スポーツの野崎靖博も「パのペナント、最後まで盛り上がったんですからファンのため、早く再開した方がいいです」と、野球ファンの気持ちを代弁した。

川崎球場全体に「帰れ、帰れ」の大合唱が沸きあがった。審判を囲む輪から数メートル離れて仰木がいた。長い抗議は続く。Nステがリクルート事件の強制捜査を伝え始めた。

古川アウトの判定は覆らず、長い抗議を終えた有藤がベンチへ戻り、水上が打席へ入った。再開の前に、有藤がまたタイム、アウトの判定理由をファンに説明するように求めた。二塁から新屋がバックネット前へ進み、マイクで説明した。また時間が急ぎ足で過ぎた。

午後10時24分、一死一塁からプレー再開。かけがえのない9分間が失われた。水上凡退、西村ツーベース。近鉄は佐藤を敬遠、満塁策をとった。二死満塁。愛甲が打ったレフト前方へのテキサス性打球に淡口が前進を重ね、地上すれすれでキャッチ、サヨナラ負けを防いだ。

阿波野の1球ごとの長い間隔、抗議の時間を合わせ、ロッテの9回裏の攻撃は30分かかった。新イニングへ入れない制限時間まであと14分が残るだけだった。

延長10回表、近鉄は先頭のブライアントが相手エラーで出塁した。どうしても1点が欲しい。近鉄はブライアントを下げて代走は安達。続くオグリビー三振。投手の足元を抜いた羽田の痛打は、二塁寄りに守備位置を変えた西村の正面へ飛んだ。西村が2歩右へ動いてベースを踏み、一塁送球し併殺が完成した。

「羽田打ちました。スリーアウト、近鉄優勝はありません。西武優勝決まりました。奇跡の逆転優勝という橋を渡り切れませんでした」

安部の実況は涙声に変った。

しかし試合が終わったわけではない。近鉄ナインには10回裏を守り、試合をきちんと終える義務があった。大石は「さあ、最後だ。最後までしっかり守るぞ」声をかけて守備位置へ走った。

ＮＨＫラジオは、ベテランアナの松本一路が、守備に向かう近鉄ナインの姿を描写した。

「壮絶に戦い、そして夢がかなえられなかった近鉄ナインが延長10回裏、勝利の無いポジションに視点を落としながらついていきます」

ＮＨＫ解説者の鈴木啓示は流れる涙を隠そうともせず、右手でぬぐっていた。生涯を近鉄一筋に過ごし、逃げることを嫌い、常に勝負を挑み続けた大投手の思いもよらない涙だった。

「負けとらんのになんで優勝でけへんのですか。酷や、彼らのこと考えるとたまらんですわ」

涙声がマイクに乗った。五輪などで数々の大舞台の経験を積んだ松本は、さすがに冷静、沈着にフォローした。

「近鉄ＯＢ鈴木啓示さんは今、近鉄ナインの思いを代弁しています。そして涙を拭っています」

近鉄最後の打者となった羽田は、一塁で呆然とたたずんでいた。この回からライトへ回った淡口は腕を組んでいた。久米が「選手の表情をご覧ください」と呼びかけた。

吹石がボールを回していた。大石が投手に声をかけた。口を真一文字に結んでいたのは羽田である。とぼとぼ歩く真喜志の肩ががっくり落ちていた。大石の背中がクローズアップされた。安部が声を振り絞った。「大石の背中に疲労の影、にじりよっています。しかし守ります」

時間切れまで3分残っていた。10回裏、ロッテは高沢の代打に丸山、近鉄は加藤哲郎が登板した。捕手の梨田は丸山に目もくれず、放心したように本塁を見ていた。「あー、もう試合が終わった」。丸山はそう感じた。駆け足でマウンドへ向かった加藤は丸山に「早く打席に」と呼びかけた。丸山四球、マドロック凡打。近鉄は加藤からリレーした木下文信が、後続を断ち10時56分、激闘は4―4の引き分けに終わった。優勝を逃した近鉄は、仰木がナインの先頭に立って、レフトスタンドから応援を続けたファンの前に出向き、深々とお礼の挨拶をした。

その姿を見届けたあと、NHKの鈴木は「松本さん、たまらんわ。今晩は酒を付き合って」と誘った。2試合続けてベンチレポーターを務めた秋山浩志と3人は、球場から都内のホテルへタクシーで直行した。タクシーの中でも、酒の席でも鈴木は「負けてへんのに」と何度も繰り返した。負けん気の塊のような鈴木は、真剣勝負に黒白がつかなかったことがよほど悔しかったのだろう。

◇ロッテ・近鉄26回戦　試合開始午後6時44分　終了同10時56分

近鉄	0	0	0	0	0	1	2	1	0	0	4
ロッテ	0	1	0	0	0	0	2	1	0	0	4

本塁打マドロック17号、吹石2号、真喜志3号、岡部11号　ブライアント34号、高沢14号

高沢の本塁打で和太鼓を叩いた横山は、近鉄ファンの〝報復〟を警戒して、遅くまで球場へ残った。しだいに閑散としてきたスタンドは、深夜まで数十人の近鉄ファンが残っていた。やがて一団は「オーギサーン！　1年間ありがとうございました。来年頑張ってくださーい！」と人気が絶えたグラウンドへ向かって声を張り上げた。

「パ・リーグいいなあ、セ・リーグを超えた」

と、横山は思った。では、直接の当事者は何を思ったか。

「刀折れ、矢尽きたとはいえ、この戦いは優勝に値する」

「勝負の世界は非情だ。死力を尽くした近鉄に敬服する。自分たちが優勝でいいのか、と思うくらいだ。セに置き去りにされたがパの壮烈さを再認識してもらえた」

「優勝も嬉しいが本日は両軍の健闘に敬意を表したい。パの株が上がった」

3つの談話の主は、近鉄オーナー・佐伯勇、西武監督・森祇晶、西武球団代表・坂井保之の順である。球界の表も裏も知る彼らでさえ、敗者の戦いに敬服し、近鉄・ロッテの激戦がリーグの飛躍につながる、と考えていた。

執拗な抗議・有藤はヒールなのか？

ロッテ・近鉄の引き分け試合は1936（昭和11）年のプロ野球開幕以来、公式戦通算156 2回目の、そして結果として、昭和時代最後の、そしてもっとも悲劇的引き分けとなった。10・

19が語られるたびに有藤道世の抗議も〝ヒール役〟として話題になる。果たしてそうなのか。

最初に走塁妨害をアピールした、二塁走者の古川慎一の言い分はこうだ。

「タッチされた時、ベースへ戻れず、足が離れていた。実際はアウトと思った。しかし審判がどう判断するか。タッチされた姿勢のままで、押されたとゼスチュアした。走塁妨害をアピールしてすぐベンチへ戻るつもりだった。そうしたら監督が出てきた。そこへ仰木さんがなにかを言い、監督が切れた」

激しさを増した有藤の抗議を、塁審の新屋晃が毅然として突っぱねた。

「流れの中のプレーだ。二塁手がジャンプして捕球した。走者はいったん帰塁したが、ボールが高く逸れたので三塁へスタートしかけてタッチされた。タッチにも問題はない。アウトだ」

最初は新屋を取り巻く輪から離れて眺めていた仰木が「時間がない。早くゲームやるぞ」と叫んだ。「あんたがそんなこと言ってはだめだ。ゲームやっているのはあんたのとこだけじゃない。ほかの人まで巻き込んで収拾つかなくなる、考えてくれ」——。球審の前川は、初回の佐藤が死球を受けた際の発言と合わせ、余計な発言を慎むよう、仰木に厳しく注意した。

そうした関係者の話や、時間的なデータを示して、有藤に抗議が長引いた理由を改めて聞いた。

有藤は、初回の冷淡な仰木の言動に、機会があれば、「応分の仕返しをしたい」と思った。しかし、激しく熱い試合に没頭して、初回のことは忘れていた。「応分の仕返し」を思い出したのは9回、仰木の「時間がない」のひと言だった。

「抗議に出かけた時はアウトと分かっていた。審判にプッシュしてないかと聞いた。勝敗はともかく、素晴らしい試合が続いており、確かめてすぐに引き上げるつもりだった」

「仰木さんが出てきて〝早くやれ、早く〟と言い出した。あげくが〝時間がない〟。それを聞いて突然に初回のことを思い出し、よーし、やったろうと思った。4時間ルールがあり、引き分けなら近鉄は優勝できないことも試合後半に気がついたが……」

「そうか、この人たちは自分たちだけが良ければ、それでいいのか。あんたらだけが野球やってんじゃないぞと、腹が立った。こうなったら時間切れ引き分けも仕方ないかと」

「これだけは言っておきたい。私は、抗議について後悔したことは一度もない。あれだけ自分本位の言い分を主張されたら、選手を守るためにも、こちらも主張する必要があった」

有藤は悪びれずに当時の心境を語った。

前川は、初回と9回裏の口論の実態を第三者として語れる唯一の男だ。

「すべては初回のデッドボールだ。満員の観衆が、怪我を心配してシーンとなった。ヤジも飛ばなかった。佐藤の手を見たら、もう赤く腫れあがっていた。仰木さんの〝時間がない。もっと早く〟には、選手を守る立場の有藤君は頭に血がのぼるだろう」

「ストライク、ボールの判定まで文句を言って時間を空費した。あげくに『早くやれ』だ。必要以上にロッテの心に火をつけた」

前川は秋に入って、全盛期の西武を懸命に追う近鉄の戦いぶりに感嘆していた。「できれば近鉄に勝たせたい」と内心で思った。判定と無関係な感情である。しかし、最終戦の近鉄の戦いぶりには審判として厳しかった。

阿波野・高沢の読み合いと勝負のアヤ

引き分けのもう1つの要素は何と言っても高沢の同点本塁打だ。

近鉄投手コーチの権藤博は「いろんな勝負のアヤがあった。本塁打の前の高沢のヒットがすべてだった」と言う。高沢の安打は、最終戦の4回表に、三遊間を緩いゴロで抜いた。高沢が打った瞬間、権藤は「平凡な内野ゴロ、これで高沢は引っ込む」と確信した。

阪急の松永と首位打者を争う高沢の起用に有藤が頭を痛めたように、近鉄も高沢が首位打者を獲得するため「こんどの3連戦で8打数無安打ならば引っ込む」と計算していた。

高沢は18日からの近鉄3連戦は体が前へ出て、内野に凡打の山を築いた。この打席まで6打数凡退し外野へは一度も打球が飛ばなかった。初安打も鈍い内野ゴロだ。飛んだコースが良く、吹石のグラブ下、真喜志のグラブ先端をかすめて左前へ転がった。ほんの数センチの差だった。

ようやくのヒットで、楽になった高沢は、6回の打席でレフトフライを打ち、ボールを引きつける感触を取り戻した。同点本塁打は次の打席である。これが権藤の言う勝負の「アヤ」だ。

本塁打は阿波野が考えに考えた末に投げた、スクリューボールを捉えた。阿波野が言う。

「スクリューで2球続けて空振りさせて追い込んだ。ピッチャーは、打者が苦手にするボールで勝負するから高沢さんはスクリューを待つと思った。狙いをはずすため、捨てダマに直球を投げて、5球目にスライダー勝負を選んだ。外れて次にスクリューに頼るしかなかった。ヤマちゃん（捕手の山下和彦）が要求したストレートには自信が持てなかった」

高沢は33・5インチ、重さは910～920グラムのバットを愛用した。普通より短く、当時としては軽めだった。短く軽いバットをグリップエンドいっぱいに持つ。普通のバットを短く持つよりも、この方が、手首が「返しやすい」と判断したからだった。

追い込まれれば、速球のライト打ちを意識して速球を待つ。そうすれば球を長く見ることができて変化球にも一応の対応ができる。これが高沢の打撃術だった。

幸運な安打で首位打者を確定的にした高沢は、ボールをじっくり引き付ける打撃術を取り戻した。高沢は、速球のライト狙いを心がけながら4、5球目を待った。この時点で阿波野がスライダーを勝負球に選んだのは正解だろう。6球目。速球のライト狙いを心がけながら、変化球も警戒した高沢にスクリューが来た。やや泳ぎながら、愛用のバットの先端で拾った打球は、うまくバットの先にひっかかりレフトへ飛び込んだ……。

「首位打者争いしながら近鉄の3戦目を含め6タコ（6打数無安打）でもうガタガタでした。あんまりいい当たりではなかったが、とにかくヒットで生き返った。凡打なら次の打席は下げられており、本塁打はありません」（高沢）

「低い打球でフェン直（フェンス直撃）二塁打と思った。野球の神様がいてスクリュー選択は間違いなかったと言ってくれれば諦めもつくが……」と阿波野は今も中日の投手コーチとして配球の正解を求め続けている。

パの覇者となった西武は、日本シリーズで中日を4勝1敗と一方的に破り、3年連続日本一を達成した。ＭＶＰの石毛宏典や優秀選手の清原和博が「日本一になってやっと近鉄に顔向けできる」と語ったことが近鉄ナインにとっての何よりの勲章だろう。

Nステ視聴率は30・9%！

すべての戦いが終わり、ABCの全スタッフが、都内の居酒屋へ集まった。大激戦を最後まで全国放送で伝えた高揚感から、視聴率が話題になった。

優勝がかかったとはいえ、全国にはなじみが薄い近鉄と、最下位ロッテの試合である。「近鉄やから良くて20パー（%）か」との推測がほとんどだったが、ディレクターの古川知行だけは「いや、違う。全体で30、関西は40まで行くんやないか」と異論を唱えた。

実際に視聴率は関東地区が30・9、関西は46・4%を記録した。この記録は94年10月26日の日本シリーズ第4戦で、西武が巨人にサヨナラ勝利した試合（34・9%）に抜かれるまで、Nステの視聴率1位、2004年に終了したNステ全4795回中でも、第3位を占めている。

テレビ朝日の早河は、この夜のことを「怒濤の放送」と表現した。

早河を取材したのは、それから約30年後だが、怒濤の1日を鮮明に記憶していた。早河は優勝決定戦が消化試合に一変した近鉄ナインが、最後の守りについた時の映像を語った。

「近鉄選手の感動的な様子を、テレビは1人ひとり撮っていった。あれ（試合終了）でスパッと終わっちゃうと駄目ですけど。その余韻みたいな、敗者の悲劇と言うか、こういうものを言葉でなく映像で出せた」

「あんなことは仕組んでもできない。本当に偶発的なものです。撮っているカメラマン、実況のアナウンサーとか、なんて言うのか、勝負を見る姿勢がひとつになっていた」。

早河が激賞した映像にはディレクターの周到な準備があった。2試合のディレクターを務めた古川知行をアナウンサーの西野は「トモさん」と呼ぶ。

「トモさんは予想外の画面で私たちに勝負を挑む人だ。時に顔だけのアップを送り続ける。勝敗やボールの動きだけではない、より人間的な要素が野球にある面白さを伝えたいのでしょう」

第1試合9回表に近鉄の佐藤純一が三本間で挟殺された瞬間は佐藤の顔を〝主役〟にした。背中にタッチされうつぶせになった佐藤がゆっくり上半身だけを起こした。顔は泥まみれだ。汚れた眼鏡を通して何かを見つめていたようだった。口元が少し動いた。この間6秒、西野は沈黙を続けた。画面の佐藤を見た人は何を思うか。ディレクターの挑戦を受けた西野は、佐藤の気持ちを表情で語らせた。

泥にまみれた表情や一投一打に飛びあがるベンチ……古川は「普段は大人の選手たちが球児に返った、高校野球を『乗り越えた』一体感」を感じた。

10回表の攻撃前、近鉄が無得点で優勝を逸した時に備え、古川は守りにつく選手1人ひとりの表情を執拗に追うように「3カメはこの選手、4カメは彼と彼を」と選手名をあげて指示した。

「近鉄が無得点でも負けたわけではない。でも優勝はできない。それでも守りにつかねばならない。何のためなのか。もの言わぬ選手たちの表情からその残酷さを撮りたかった」

早河を「余韻」「敗者の悲劇」とうならせた近鉄選手の苦渋の表情はこうして全国へ流れた。

大激戦の末、近鉄の優勝を阻んだロッテは翌日から身売りした南海、阪急のそれぞれの球団としての最後の試合を戦った。

20日は川崎球場で、南海と対戦した。南海ホークスの歴史が閉じられる日であり、最下位ロッテの本拠地最終戦でもあった。記念すべきこの試合を、ロッテナインは誰も覚えていない。

有藤、木樽、高沢、水上……近鉄戦の思いを雄弁に語った男たちは「また、私をからかって」「そんなことはない」と試合があったことさえも否定した。一塁塁審の新屋までが「そうでしたか」と言うほど印象が薄い試合だ。

記念すべき試合で、初めて山崎夏生が球審を務めた。

山崎は北海道大学で野球を続け、日刊スポーツへ入社、その後にプロ野球の審判へ転向した変わり種だ。前日の第1試合はレフト線審で、左中間フェンス最上部を直撃した近鉄・村上の同点二塁打、9回裏レフト線を襲ったロッテ佐藤兼の二塁打など、勝敗を決めそうな打球が飛んで来て、そのたびに緊張を強いられた。

球審デビュー戦を山崎は「兵《つわもの》どもが夢のあと」と言った。川崎球場はいつものように閑散としていた。公式発表は8000人だが、発売済みの年間指定席3500席が含まれており、入場実数は多く見積もっても「4桁」ギリギリ程度だろう。ロッテが5×―3で本拠最終戦を飾った。

ロッテは続いて、阪急が球団史を閉じる22、23日、西宮球場の3連戦へ臨んだ。高沢と松永の首位打者争いが決着する場でもある。

高沢が出場しなくても、松永が3打数3安打なら5毛7糸差で逆転首位打者だ。

初戦の先発、関清和は有藤、木樽に「松永さんと勝負したい」と頼んだ。関は15日、阪急戦（川崎）で、ベンチの指示を受け、松永を4度敬遠した。試合後に松永が「130試合で一番意味がないゲーム。やり方が露骨すぎる」と報道陣に語ったと知り、屈辱感に襲われた。

関の熱意に、ベンチも「ヒットを2本打たれるまで」の勝負を認めた。

松永は初回にライト前ヒットで先制点、2回は2死満塁から走者一掃の二塁打を打った。次の安打で高沢の首位打者はなくなる。関は以後、松永をまた3回続けて敬遠した。それでも松永は試合終了後、関に「お前のおかげで、少しだけ夢を見たよ」と言って笑った。

翌日のダブルヘッダーでも、ロッテ投手陣は松永を8打席連続敬遠した。最後の9打席目、松永は仁科時成の敬遠のボールに、バットを投げ出して安打を狙ったが、当たらず三振、首位打者は高沢が獲得した。

両軍の1勝1敗で試合が終わり、バックスクリーンに「さようなら　阪急ブレーブス」の電光文字が浮かび監督以下ナインがマウンドへ整列した。監督の上田がファンに語った。

「今年のブレーブスは、一度も優勝戦線へ加われませんでした。球団売却はこのためと責任を感じています。さびしいです。虚しいです。悔しいです」

「ブレーブスは阪急のものでも、オリックスのものでもありません。ファンの皆様のものです。選手1人ひとりのものです」

女性ファンおよそ200人で構成する「阪急好きやねん会」はこの日で解散を決めた。全国に散在した阪急ブレーブスの応援グループを総称した「阪急ブレーブス全国応援団連合会」も「阪急」の名がついた応援団の解散を決めた。

上田の挨拶には、去りゆくファンへのねぎらいと感謝がこもっていた。

10月はまた、野球人との惜別の季節である。

阪急の山田久志がロッテ最終戦を108球、4安打、1四球、失点1点で完投勝利、通算284勝、阪急ブレーブスと自身の球史に終止符をうった。山田と阪急を支えた福本は、2試合とも

1番、中堅の定位置で出場、最終打席で2543本目の安打を放って最後を飾った。

セ・リーグを代表する阪神の強打者、掛布雅之は膝の故障から33歳の若さで引退、ON時代を築き昭和のプロ野球を支えてきた巨人監督の王貞治も優勝を逃し、惜しまれながら勇退した。王が「若鷹軍団」のユニホームをまとって福岡へ舞い降りるのは1995年である。

1日だけのフィールド・オブ・ドリームス

「狭い」、「汚い」、「人が来ない」、「テレビで見られない」と、揶揄され続けた川崎球場は取り壊され、跡地は今、富士通スタジアム川崎となりアメリカンフットボールの会場に代わった。

往時をしのばせるナイター照明用の鉄塔が今も3基そびえ、バックスクリーン前のフェンス、本塁の後にある記者席とグラウンドを仕切るコンクリートの塀はそのまま残っている。球場前の国道132号線の信号機には、いまだに「川崎球場前」の表示がある。

ここでは2016年にプレイベントを開いて以来、毎年2月、富士通スタジアム職員によって、川崎球場を懐かしむ催しが開かれている。フィールドに白い養生テープで白線を引っ張り、その日だけのグラウンドがぽっかり現れる。ベース上にグラブを構えた等身大の選手の写真を貼った看板が立てられることもある。まさに1日だけのフィールド・オブ・ドリームスである。

17年・高沢秀昭が歴史に残る10・19の同点本塁打と打撃を語った。

18年・ロッテ応援団、横山健一が昔日の川崎球場と応援を語った。

19年・剛腕の村田兆治が狭い球場の苦労とマサカリ投法を語った。

そして令和の今、有志の間で川崎球場の一部を野球遺構として残そうと署名活動が始まった。

過酷な連投に耐えて散った阿波野はいま、10・19が語り継がれる理由をこう考えている。

「伝説の試合はみんな特別なヒーローがいます。天覧サヨナラ本塁打の長嶋さん、日本選手権では王さんの逆転サヨナラ3ランや、9回裏無死満塁のピンチを乗り切った江夏さんの21球……。華々しいヒーローがいて初めて伝説になる。でも、あの試合だけは誰もいない、いや試合に参加した皆の必死に投げ、打ち、走り、守った姿……すべてがヒーローなのかも知れません」

ファンに「狭い」「汚い」と言われた川崎球場の跡地へ何年経ってもファンが集まるのも、あまりにも「10・19」で必死に戦った選手たちの姿に、強烈な印象を持つからだろう。テレビ朝日に88年10月31日付けでパ・リーグ会長の堀新助から贈られた異例の感謝状には、

「当リーグ公式戦を画期的試みにより試合終了まで逐一放映して全国的なパ・リーグファン拡大に大きな貢献をもたらしました。ここに深甚の謝意を表します」と書かれていた。

10年ぶりに福岡でプロ野球復活、そして10・19。2球団の身売りと新規参入。確かにパ・リーグは1988年を起点に大きな飛躍の道を歩き始めた。そして平成の最後は若鷹軍団、ソフトバンクが日本一になってチャンピオンフラッグは2年連続で、また福岡の地に翻った。

平成の30年間のプロ野球の日本選手権を10年ごとに見ると、最初の10年はセ・リーグが6回、次の10年はパが6回、チャンピオンになった。この間の勝敗もセ57勝、パ56勝と互角である。

平成30年までの10年は様相が一変、チャンピオンはパが8回も獲得している。現在は6年連続でパが日本一を継続中で、この10年間は36勝23敗2分、特に直近の5年間に至ってはパが20勝7敗1分と圧倒し続けている。

おりしもホークス移転30周年と福岡市制130周年が重なった2019年3月、地域と一体と

なったプロ野球を象徴するように、福岡市役所庁舎正面にホークスの巨大な記念ユニホームが飾られた。左袖には「FUKUOKA NEXT」のロゴ入りである。右袖のマークは赤く九州の地図を入れ「WE=KYUSHU」とあり、福岡だけでなく全九州を強く意識したものだ。

パ・リーグは「千葉」「北海道」「埼玉」「東北」、セ・リーグも「広島」「横浜」「東京」（ヤクルト）と本拠地、地域を球団名につけて地域密着を目指す。これに「日本職業野球」草創期からの巨人、阪神、中日と大阪を本拠地とするオリックスが加わり、各球団がファン層拡大に知恵を絞っている。

1988年を起点に大きく変容したプロ野球は、令和の時代にどんな歴史を紡ぐのだろう。

令和元年、ホークス福岡移転30周年と、福岡市制施行130周年が重なり、福岡の街は盛り上がった（写真は福岡市役所）

あとがき

南海ホークスと阪急ブレーブス。パ・リーグに君臨した老舗球団が競うように１９８８年秋に身売りした――。謎めいたこのことは私にとって、どうしても解き明かしたい命題だった。

最初にそのことを考えたのは、巨人軍の代表時代にコミッショナーの川島廣守さんと雑談した時だった。川島さんは元警察官僚で、全国に幅広い友人、知人がいる。

「福岡にいる友人が、電話で、けさの読売の話は本当かと聞いてきた。東京の読売をいくら読んでも何も出てなかった。あの時は随分驚いたよ」

川島さんが不思議がったのは、小著で取り上げた88年8月28日の読売新聞朝刊である。大阪、西部、両本社が一面トップ、東京本社が扱わなかった例の紙面である。川島さんが、セ・リーグの会長の時のことだ。読売の紙面でそんなことがあったとは知らないままに10年が過ぎていた。

さっそく東京、大阪、福岡の紙面を読み比べ、すぐに調べたい衝動に駆られたが、立場上、取材は控えた。自由になった09年以降は、戦前からの野球史の研究や取材、執筆を始め、この問題にも13年ころから取り組んできた。

福岡・平和台球場の近くに住み、熱烈な野球少年だった私は、手弁当の球団誘致運動に携わった福岡の元野球少年の方々の気持ちが実に良く分かり、楽しく話を聞かせてもらった。

中心人物の１人、小田展生さんは上京したある日を振り返った。

「東京で午前中に面会する予定が夜に変更された。ほかに予定はない、我慢して待つしかない。

ちょうど冬の寒い日で鴨南蛮そばを食べ、パチンコをして時間を過ごした」

彼らは時にロッテの大きな紙袋につめられたお菓子をプレゼントされたこともあった。「秘密交渉だと家を出て、ロッテの大きな紙袋を抱えて仲間数人と福岡へ戻ってくる。よく秘密が守れるねと、家の者に笑われた」。王寺陽一郎さんの話である。

榎本一彦さんは中学時代、授業中にイヤホンで巨人―西鉄の日本選手権を聞いて教師に見つかった。「おい、榎本。今どっちが勝っとる」。榎本さんが、西鉄リードと答えると教室中が沸き返った。西鉄3連敗のあと、稲尾さんのサヨナラ本塁打などで4連勝した58年の日本選手権である。私もその選手権で同じ体験をした。ラジオのコードを左袖の中を通し、イヤホンを左手で隠し、肘をついて授業を受けて〝摘発〟され、ラジオを没収された。

私が通っていた高校は榎本さんの中学から電車で20分ほどの場所にあった。見ず知らずの2人が半世紀以上も前に別の場所で同じ体験をしたと分かり、声をあげて笑い合った。

誘致運動の中核にいた山崎広太郎さんは「スポンサーを見つける発想も手段もなく、年間指定席の確保で球団を取り戻そうとした非力な運動だった。ダイエーの進出は夢想だにしなかったが、誘致運動が市民球団誕生のきっかけを作ったことを誇りにしたい」と静かに振り返った。

30年の歳月を経た今、振り返ると福岡の球団誘致運動や南海、ダイエー、福岡市の決断はパ・リーグの関西球団の膠着した過密状況に大きな風穴をあけた。

パ・リーグは福岡での球団復活を機に、北海道から宮城、埼玉、千葉、大阪、福岡と本拠地を全国展開し、セ・リーグとともに繁栄を謳歌している。その呼び水となった福岡へのプロ球団復活というエポック・メーキングなことに挑戦した元野球少年たちの情熱的な活動を、野球ファンは忘れてはいけない。挑戦に応えたのが中内㓛、吉村茂夫、桑原敬一各氏の決断である。３氏を含め阪急の小林公平、ロッテの松井静郎氏など、核心を語るべき方々が世を去ってすでに久しい。

桑原氏は毎日新聞とのインタビューで、ダイエーの福岡進出について食言を認めたが、中内、吉村両氏は〝食言の真実〟をついに語らなかった。いや、相手がいるために「語れなかった」のかも知れない。その理由を直接、確かめられなかったことは痛恨事だ。

また、福岡の球団誕生のきっかけとなった歴史的誘致運動の公式な記録はどこにも存在しない。南海や阪急の身売り計画も、すべてが極秘に進行したため、南海、阪急はもちろん、ダイエー、オリックスにも詳細な記録はない。

それだけにダイエー進出時の鵜木洋二、瀬戸山隆三両氏の秘話は貴重だった。また、新聞記者の北野正樹、市村一夫、ロッテ松尾守人各氏、誘致運動のリーダーの小田、王寺両氏の個人的メモやノート、金森秀明さんの研究論文は、球史を解き明かす貴重な超一級資料だった。

阪急身売りと重なった伝説の10・19が細かく描写出来たのは、中継したＡＢＣの西野義和さん、ディレクターの古川知行さんの記憶がなお鮮明であり、テレビ朝日広報部の真鍋由氏が、たび重なる筆者の細かな質問に、分秒の単位に至るまで正確に教えてくれたからである。

取材を通じて大きな衝撃や教訓を受けた。

まず、「南海の身売り3条件」をスクープした北野氏の新聞記者としての姿勢である。

茶褐色に変色し、旧字体の「讀賣」マークと「讀賣新聞大阪本社」が印字されていた大学ノートを見せてもらった。ＰＣ時代の今にはない、懐かしい年代物だ。

ノートに直接目を通すことは遠慮したが、特ダネ前夜の吉村邸の北野氏の滞在時間が「9／12 22：30〜0：00　吉村オーナー宅」とページの左上に書かれたことはしっかり確認した。そのページは、当日の囲み取材の要点が細かく書きこまれ、「こんなことも……」と彼が示した箇所には「朝日、テレビ記者退出。毎日残る」「夕刊フジ来る」とあった。

彼は囲みで簡単なメモを取り、その後に当日の詳細をノートに記録する困難な作業を続けていたのだ。できることではない。手元に残る古い取材メモを読み返し、いつもメモの不完全さと満足に判読できない乱雑な文字を、今も後悔している私は、心の中で北野氏に脱帽した。

9月13日朝6時、南海身売りを伝えたNHKニュース映像には仰天した。

「これまで否定してきた南海の吉村オーナーが昨夜、球団を売り渡す決意を初めて明らかにしました」とアナウンサーが伝え、何と浴衣姿の吉村氏が画面に登場していた。つやつやした顔に無精ひげはなく、湯上りのようなさっぱりした表情だ。資料映像の断りもないから間違いなく12日夜から放映までの間に撮影した、吉村邸の応接間の吉村氏の映像である。

「監督留任、選手待遇改善、ホークスの名が残るなら、リーグのため決心するかも分からん」

吉村氏はニュースの中で正確に身売りの3条件を伝えていた。吉村氏が12日夜から13日未明まで、スーツまたはワイシャツにネクタイ姿で報道陣に対応したことは本文で書いたとおりに紛れもない事実である。

吉村氏が「身売り3条件」を最後まで残った北野氏らに漠然と語ったのは日付が変るころだ。そのころ、吉村邸でNHKのカメラは回っていなかった。

いったいいつ、吉村氏は浴衣に着替えて取材に応じたのか。それは各社が退出した13日未明から午前4時過ぎまでの時間しかありえない。浴衣に着替えた吉村氏が信頼するＮＨＫ記者の来訪を待ち構えていたとしか思えない。信頼し合う記者と取材源の間には、第三者が想像できないほどの数多くの共有した秘密がある。したがって、この映像の真相は永久に不明だろう。

8月27日早朝に吉村オーナー宅を訪問した報知新聞の桃井光一氏の行動も印象深い。デスクから明日一番の取材を命じられ、動きを悟られないために深夜に名古屋から大阪へタクシーで向かった桃井氏は、取材報告をすませると、自身の動きをカモフラージュするため、新幹線を利用していつもの通りにナゴヤ球場へ現れた。「特報後は各社が口をきいてくれなかった」そうだ。

リクルート事件初の強制捜査当夜の読売新聞社編集局の様子も記憶に残る。社会部の事件担当デスクだった私は夜10時過ぎ、こもっていた取材班の部屋を出て編集局の大部屋へ向かった。編集局次長を中心に、各部が出稿する内容を説明し、最終版前の紙面の大枠が決まる重要な時だ。まだ会議が続いているか、各デスクが自席で出稿原稿をチェックする静かな緊張した空気が編集局を包んでいるはずだった。

大部屋へ一歩足を踏み入れて戦慄を覚えた。大部屋で社会、政治、経済など各部の当番デスクや記者たちが棒立ちでテレビの画面を見つめていた。一瞬に2つの懸念がよぎった。

「天皇陛下のご病状に異変?」「リクルート社の捜索で重要譲渡先が判明?」

杞憂だった。全員が見つめるテレビは、「Ｎステ」が流すロッテ・近鉄戦の中継だった。試合の熱気が、各部のデスクを紙面製作から一時引き離すインパクトがあった何よりの証明だろう。

編集局内の各部は、育まれた土壌、物事の見方、ニュースの感覚などが多種多様で水と油のような違いがある。野球だけは、やはり巨人ファンが圧倒的多数だった。

巨人が出場しない試合は、日本選手権でも見向きもされなかった。まして人気低迷のパ・リーグ公式戦がリクルートの強制捜査、天皇陛下のご闘病1か月、などの重大ニュースが続く日に、一時的にせよ編集局中の耳目を集めることなど、想像もできないことだった。

南海ホークス、阪急ブレーブス。伝統の2球団の球界からの撤退、ロッテ・近鉄戦があまたの重要ニュースを吹き飛ばしてテレビジャックした1988（昭和63）年。こうしたことがなぜ、重なり合ったのか。モノ好きにも昭和63年に起きたことの理由を知りたくて、平成時代を過ぎて新しい元号の時代にようやくたどり着いたのが小著である。

さまざまな人と出会い、取材を重ねて思うことは「歴史の必然」とされた老舗球団の新興企業への身売りは、あまりにも多くの偶然が重なって「必然の結果」に結びついたことだ。

その総仕上げとなったABCのギャンブル的な中継権獲得も含めた数々の偶然のピースが1つ欠けてもテレビ朝日の野球中継も伝説の10・19も生まれなかったに違いない。

改めて、球史の謎を解く偶然のピース、宮古島の会話を詳細に明らかにしていただいた清水美溥、安田通生、濱田充、古寺永治郎各氏をはじめ取材でお会いした100人近い方々、編集者として適切な助言をあおいだ新潮社の岡田葉二朗氏、貴重な多数の写真提供をいただいた報知新聞社に深くお礼を申し上げる。

関連年表

●1984

7・19 福岡・大分県境の英彦山中で広島の高校生一団が大合唱した「カープ応援歌」を聴いた福岡市職員が「市民球団創設」の研究論文作成へ入る

●1985

12・27 大阪財界人による阪神優勝祝賀会に吉田義男出席、中内も出席し野球人気実感

●1986

1・13 ロッテ監督稲尾が福岡JC新年会で「福岡にプロ野球を」呼びかけ

5・20 福岡JCの小田、王寺らがロッテ代表代行松尾へ球団誘致を表明

7・27 福岡JC母体の「プロ野球誘致準備委員会」発足、正、副委員長に財、政界要人就任

●1987

3・9 西日本新聞に「スタジアムに私たちのチームを」と福岡JCが全面広告

7・2 市民運動に触発され福岡市議会が全会一致で「球団誘致運動に賛同」を決議

7上旬 ロッテから地元・ロッテ各5割出資の「市民球団構想」を極秘提示

7・11 「燃えよ、立ち上がれ、今こそ九州プロ野球!」サマーキャンペーン開催

9・1 ロッテが球団赤字11億円を埋めるための建設的意見交換を誘致委へよびかけ

10・15 市民球団誘致市民会議がロッテへ年間指定席6000席保証の最終案提示

11上旬? ダイエー鈴木達郎とロッテ球団松井静郎が会談、球団譲渡協議へ

11・24 ダイエー鵜木洋二が福岡市助役へ「プロ球界進出の場合」平和台使用を打診

12・25 平和台球場外野スタンドの違法工事から古代迎賓館の遺構発掘

●1988

1・7	ダイエー人事。鈴木が事業本部長、鵜木は神戸本店室長
1・12	福岡市長が記者会見。平和台移転、鴻臚館遺構徹底調査を表明へ
2・1	三和銀行が機構改革。情報開発本部など3本部制。M&Aなど強化へ
2中旬？	ダイエー神戸本店主査と南海電鉄専務道本隆美間の連絡要員に電鉄社員
3・30	福岡市都市計画審議会が埋立地に「文化」「スポーツ」ゾーンなど設置を答申
4・8	プロ野球ドーム元年。東京ドーム雪の中で開幕戦
4・23	元南海電鉄社長、ホークスオーナー川勝傳死去
5連休中	南海電鉄社長吉村茂夫と中内間で球団売買を申し合わせ
5・6	福岡市長とダイエー中内、神戸市内で極秘会談
5中旬？	福岡市は特命により野球担当職員を任命
6・17	ダイエー、福岡市に「ロッテ、南海と買収交渉中、できれば南海」を表明
7後半？	ロッテ球団社長、オーナー重光へダイエーとの売却交渉打ち切り報告。重光了承
8・11	ダイエー、福岡の政財官界へ「買収先を南海に絞る」と報告
8・20	三和銀行の異業種交流の「三縁会」。宮古島でオリエントリースの「球団買収」話浮上
8・23	阪急電鉄社員、電鉄社長、球団オーナーの小林公平へ宮古島の雑談報告
8・28	読売、報知、西日本3紙が「ダイエーが南海買収、平和台移転」をスクープ
8・29	南海、ダイエーの全面否定に一般紙、スポーツ紙は扱い苦慮。否定色強い紙面が上回る。中内がハワイから帰国「野球は嫌い。告訴したい」と買収を全否定
9・4	神戸新聞「ウワサ独り歩き」とダイエー南海の買収問題を初報道
9・7	中内再び否定発言、巨人オーナー正力が「新球団加盟」を示唆。オリエント・リースがオリックスへ社名変更を発表

9・9	オリエント、阪急へ球団買収の意志「非公式」に通知、「10・1オーナー会議」通知
9上旬？	三和、阪急、オリエント3社で合同の「ブレーブス売却」チーム発足
9・10	中内、球団買収を否定しながら「先のことは天気と同じ。明日のことは分からない」
9・11	ブレーブスオーナー小林公平、監督上田の留任を発表
9・12	RKB、ダイエーの南海買収決定伝える。南海吉村オーナー邸。深夜まで囲み取材。「中内さんから電話があるだろう」と語る
9・13	南海の「身売り3条件」を読売スクープ。NHKも6時に3条件伝える。北京滞在の中内から「新聞読んで3条件了解した」旨の電話と吉村語る
9・14	吉村会見「昨日、常務会売却を了承した」。中内も帰国し会見、野球の振興を語る
9・21	中内、吉村が会談したのちに会見。球団売買を正式に発表
10・1	プロ野球オーナー会議、実行委員会　南海からダイエーへ球団譲渡承認
10・14	三和銀行頭取・渡辺滉立ち会いで阪急からオリエントへ球団譲渡を基本合意
10・15	南海ホークス、大阪球場最終戦で近鉄破る
10・16	西武、阪急破りリーグ戦終了。2位の近鉄マジック3、残り試合4
10・17	阪急電鉄社長・小林公平が監督上田へ球団売却伝える。阪急が近鉄を破る。近鉄残り3試合、マジック3も変わらず
10・18	近鉄、ロッテ破り残り2試合、マジック2
10・19	近鉄、対ロッテ第1試合を9回決勝点で辛勝するも第2試合は2度のリード守れず時間切れ引き分け。西武優勝。第1試合中に阪急が身売りを電撃発表
10・21	プロ野球オーナー会議、実行委員会でブレーブス売却、オリックス球団加盟承認

◯1988年公式戦出場選手生涯記録

野手

	生年	最終在学校	在籍球団	安打	本塁打	打点	打率
あ							
愛甲　猛	62年	横浜高	ロ、中	1142	108	513	・269
安達俊也	65年	愛工大名電高	近	181	4	58	・222
新井宏昌	52年	法大	南、近	2038	88	680	・291
淡口憲治	52年	三田学園高	巨、近	1076	118	474	・275
石毛宏典	56年	駒沢大	武、ダ	1833	236	847	・283
石嶺和彦	61年	豊見城高	急、オリ、神	1419	269	875	・273
イースラー	50年	クリーブランド州大	ハム	156	26	90	・302
伊藤史生	65年	峡南高	ロ	10	3	5	・213
オグリビー	49年	ウェイン州大	近	246	46	139	・306
大石大二郎	58年	亜細亜大	近	1824	148	654	・274
岡田彰布	57年	早大	神、オリ	1520	247	836	・277
岡部明一	62年	中大	ロ	118	22	78	・234
尾上　旭	59年	中大	中、近	77	5	33	・204
か							
掛布雅之	55年	習志野高	神	1656	349	1019	・292
加藤正樹	65年	早大	近	76	4	30	・249
門田博光	48年	天理高	南、オリ、ダ	2566	567	1678	・289
金村義明	63年	報徳学園高	近、中、武	939	127	487	・258
上川誠二	60年	箕島高	中、ロ	872	51	282	・271
岸川勝也	65年	佐賀北高	南、ダ、巨、横	476	97	307	・245
清原和博	67年	PL学園高	武、巨、オリ	2122	525	1530	・272
クロマティ	53年	マイアミデート短大	巨	951	171	558	・321
栗橋　茂	51年	駒沢大	近	1301	215	701	・278
駒田徳広	62年	桜井商	巨、横	2006	195	953	・289
小山昭吉	60年	日大高	洋、ロ	6	1	4	・115
さ							
斉藤　功	57年	洲本実	洋、ロ、オリ	268	19	104	・246
佐藤兼伊知	59年	北海高	ロ	619	65	280	・254
佐藤純一	60年	大曲高	近	35	4	11	・230
佐野仙好	51年	中大	神	1316	144	564	・273
篠塚和典	57年	銚子商	巨	1696	92	628	・304
鈴木貴久	63年	旭川大高	近	1226	192	657	・257

た							
高沢秀昭	58年	苫小牧工	ロ、広	932	95	399	・284
田野倉利行	54年	早実	中、ロ	317	50	152	・237
な							
中畑　清	54年	駒沢大	巨	1294	171	621	・290
梨田昌孝	53年	浜田高	近	874	113	439	・254
西岡良洋	61年	田辺高	武、巨、ロ	403	50	202	・246
西村徳文	60年	宮崎・福島高	ロ	1298	33	326	・272
は							
バース	54年	ロートン高	神	743	202	486	・337
袴田英利	55年	法政大	ロ	519	38	231	・231
羽田耕一	53年	三田学園高	近	1504	225	812	・253
原　辰徳	58年	東海大	巨	1675	382	1093	・279
ブライアント	61年	ボールドウィン農大	近	778	259	641	・261
吹石徳一	53年	南部高	近	424	52	200	・229
福本　豊	47年	大鉄高	急	2543	208	884	・291
古川慎一	63年	亜細亜大	ロ	370	52	180	・243
古久保健二	64年	太成高	近	378	38	186	・204
ま							
マドロック	51年	アイオワコミュニティ大	ロ	115	19	61	・263
真喜志康永	60年	沖縄高	近	150	14	53	・207
松永浩美	60年	小倉工	急、オリ、神、ダ	1904	203	855	・293
真弓明信	53年	柳川商	太、クラ、神	1888	292	886	・285
丸山一仁	60年	近大	ロ	45	4	28	・266
水上善雄	57年	桐蔭学園高	ロ、広、ダ	1011	105	450	・244
簑田浩二	52年	大竹高	急、巨	1286	204	678	・279
村上隆行	65年	大牟田高	近、武	916	147	464	・258
森田芳彦	62年	宮崎・福島高	ロ	83	2	29	・232
や							
山下和彦	62年	柳ヶ浦高	近、日	380	30	159	・218
山本功児	51年	法大	巨、ロ	699	64	369	・277
吉村禎章	63年	PL学園高	巨	964	149	535	・296

投手

	生年	最終在籍校	在籍球団	勝	負	防御率
あ						
阿波野秀幸	64年	亜細亜大	近、巨、横	75	68	3・71

池田親興	59年	法大	神、ダ、ヤ	53	69	4・58
石本貴昭	62年	滝川高	近、中	35	19	4・04
今井雄太郎	49年	中越高	急、オリ、ダ	130	112	4・28
牛島和彦	61年	浪商高	中、ロ	53	64	3・26
小川　博	62年	青学大	ロ	21	26	4・12
小野和義	65年	創価高	近、武、中	82	78	4・03
か						
加藤哲郎	64年	宮崎日大高	近、広	17	12	4・60
鹿取義隆	57年	明大	巨、武	91	46	2・76
木下文信	66年	近大付高	近、ヤ	9	7	4・60
河野博文	62年	駒大	ハム、巨、ロ	54	72	3・93
さ						
佐藤義則	54年	日大	急、オリ	165	137	3・97
角　盈男	56年	米子工	巨、ハム、ヤ	38	60	3・06
関　清和	64年	専大	ロ	4	7	4・59
荘　勝雄	59年	輔仁大	ロ	70	83	4・05
園川一美	63年	日体大	ロ	76	115	4・32
た						
高柳出己	64年	春日部工	近	29	30	4・27
な						
中西清起	62年	高知商	神	63	74	4・21
西崎幸広	64年	愛知工大	ハム、武	127	102	3・25
仁科時成	51年	山陽高	ロ	110	108	4・10
は						
東尾　修	50年	箕島高	西鉄、太、クラ、武	251	247	3・50
福間　納	51年	島根大田高	ロ、神	22	21	3・67
星野伸之	66年	旭川工	急、オリ、神	176	140	3・64
ま						
槙原寛己	63年	大府高	巨	159	128	3・19
松浦宏明	66年	船橋法典高	ハム、横浜	54	46	4・32
や						
山崎慎太郎	66年	新宮高	近、ダ、広、オリ	87	92	4・19
山田久志	48年	能代高	急	284	166	3・18
山本和行	49年	亜細亜大	神	116	106	3・66
吉井理人	65年	箕島高	近、ヤ、オリ、ロ	89	82	3・86

○参考文献

『朝日放送の50年』朝日放送社史編修室、朝日放送、２０００年

『ＮＨＫスポーツアナだけが知っている　あの名場面の裏側』松本一路、青春出版社、２００３年

『Ｍ＆Ａ相談業務入門』三和銀行事業開発部ほか、銀行研修社、１９９１年

『男の人生にリリーフはない』鈴木啓示、徳間書店、１９８５年

『神様　仏様　稲尾様』稲尾和久、日本経済新聞、２００４年

『カリスマ　中内功とダイエーの「戦後」』佐野眞一、日経ＢＰ出版センター、１９９８年

『瓦林潔回顧録：ひとくち多か』朝日新聞西部本社編、葦書房、１９８４年

『歓声とともに半世紀　ありがとう大阪球場』大阪スタヂアム興業株式会社社史編纂委員会、大阪スタヂアム興業、１９９８年

『巨人軍の鬼といわれて』川上哲治、読売新聞社、１９７４年

『激動の時代を生きる』川勝傳、編後藤靖、東洋経済新報社、１９８７年

『決定版　西武のすべて』成島忠昭、日本実業出版社、１９８３年

『小林一三日記』阪急電鉄、１９９１年

『ザ・ピープルズ・バンク　クローバー作戦で躍進する三和銀行』鈴田敦之、日本リクルートセンター出版部、１９７８年

『三和銀行　トップバンクに立つ日』秋場良宣、講談社、１９８８年

「市民連帯意識向上の1方策—市民球団の創設　昭和59年度現任第4部研修都市政策研究レポート」第1回Ａ３班研修生一同、私家版、１９８４年

『鈴木龍二回顧録』鈴木龍二、ベースボール・マガジン社、１９８０年

『セゾン文化は何を夢みた』永江朗、朝日新聞出版、２０１０年

『１９８８年「10・19」の真実』佐野正幸、新風舎、１９９９年

『選択　すべては出会いから生まれた』中内力、神戸新聞総合出版センター、２００４年

『ダイエーグループ35年の記録』ダイエー社史編纂室、アシーネ、１９９２年

『宝塚　消費社会のスペクタル』川崎賢子、講談社、１９９９年

『ダメ虎を猛虎にした男　吉田義男』羽田功、筑波書林、１９８５年

『野球殿堂入りに輝いた知将上田利治：千勝監督のリーダー学』デイリースポーツ元番記者共著、神戸新聞総合出版セ

ンター、2003年
『父の背番号は16だった』川上貴光、朝日新聞社、1991年
『チャレンジの軌跡』テレビ朝日社史編纂委員会、テレビ朝日、2010年
『鉄腕一代　超人投手の豪快野球人生！』稲尾和久、ベースボール・マガジン社、1993年
『鉄腕稲尾の遺言』新貝行生、弦書房、2008年
『中内功　生涯を流通革命に献げた男』中内潤、御厨貴　千倉書房　2009年
『中内功　何のために闘うか』吉田安伸、日本経済新聞社、1981年
『中内功のかばん持ち　昭和のカリスマと呼ばれた男』恩地祥光　プレジデント社　2013年
『中内功のダイエー王国』大下英治　社会思想社　1993年
『南海二世紀に入って十年の歩み』南海電気鉄道、1995年
『南海ホークス四〇年史』南海ホークス、1978年
『日本野球25人私のベストゲーム』スポーツグラフィックナンバー編、文藝春秋、2006年
『巨人V9とその時代』山室寛之、中央公論新社、2014年
『阪急ブレーブス球団史』株式会社阪急ブレーブス、阪急電鉄、1987年
『福岡市勢要覧』（よかトピアであい求めて　アジア太平洋博覧会―福岡89）昭和63年版ほか
『福岡はなぜ元気か　聞き書き――桑原敬一前市長の街づくり』毎日新聞福岡総局編、葦書房、2000年
『プロ野球70年史』全2巻、ベースボール・マガジン社、2004年
『ホークスの70年惜別と再会の球譜』永井良和、ソフトバンククリエイティブ、2008年
『燃えて勝つ：9回裏の逆転人生』仰木彬、学習研究社、1990年
『「よかトピア」からはじまったFUKUOKA　アジア太平洋博覧会の舞台裏』草場隆　海鳥社　2010年
『ロッテのあゆみ40年　そして、未来へ』ロッテ、1988年
『わが小林一三　清く正しく美しく』阪田寛夫、河出書房新社、1983年
『わがボス中内功との1万日』大友達也　中経出版　2006年
『わが安売り哲学』中内功　日本経済新聞社　1969年

新聞

朝日新聞、神戸新聞、産経新聞、サンケイスポーツ、スポーツニッポン、デイリースポーツ、西日本新聞、西日本スポーツ、日刊スポーツ、日本経済新聞、報知新聞、毎日新聞、読売新聞、

雑誌

潮、経済界、財界、週刊新潮、週刊文春、週刊ベースボール、週刊読売、中央公論、文藝春秋

山室寛之　（やまむろ・ひろゆき）

1941年北京生まれ。日本エッセイスト・クラブ会員、野球史家。64年3月九州大学文学部卒。同年4月読売新聞社入社。広報部長、社会部長、西部本社編集局長を経て、98年6月東京読売巨人軍代表、01年読売新聞社総務局長、03年読売ゴルフ社長を歴任。社会部記者時代は警視庁クラブで「プロ野球黒い霧事件」、「富士銀行不正融資事件」などを取材。警視庁キャップ時は「三浦和義事件」、「グリコ・森永事件」、社会部次長時に「リクルート事件」担当デスク、社会部長時は「オウム真理教事件」、「阪神大震災」などへの取材対応を指揮した。巨人軍代表として2000年の「ＯＮ決戦（ダイエーホークスと巨人による日本シリーズ）」を体験。
主な著書に『マネー犯罪』（ダイヤモンド社）『高度マネー犯罪』（中央公論社）『野球と戦争』（中央公論新社）『プロ野球復興史』（同）『巨人V9とその時代』（同）『背番号なし　戦闘帽の野球』（ベースボール・マガジン社）など多数。

1988年《ねん》のパ・リーグ

著　者　山室寛之《やまむろひろゆき》

発　行　2019年7月15日
２　刷　2019年8月30日

発行者　佐藤隆信
発行所　株式会社新潮社　郵便番号162-8711
東京都新宿区矢来町71
電話：編集部　03-3266-5611
読者係　03-3266-5111
https://www.shinchosha.co.jp
印刷所　株式会社三秀舎
製本所　加藤製本株式会社

乱丁・落丁本は、ご面倒ですが小社読者係宛お送り下さい。送料小社負担にてお取替えいたします。
ISBN978-4-10-352731-2　C0095
価格はカバーに表示してあります。